I.

DES

PAIRS DE FRANCE.

DE L'IMPRIMERIE DE P. DIDOT L'AINÉ.

DES

PAIRS DE FRANCE

ET DE L'ANCIENNE

CONSTITUTION FRANÇOISE;

PAR M. LE PRÉSIDENT H. de Pansey

~~~~~~~~~~

A PARIS,

CHEZ THÉOPHILE BARROIS PÈRE, LIBRAIRE,
RUE HAUTEFEUILLE, Nº 28.

M. DCCCXVI.

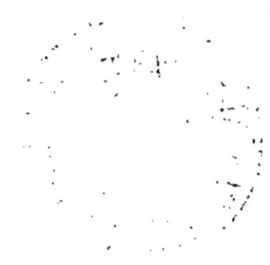

DES PAIRS DE FRANCE.

CHAPITRE PREMIER.

Origine de la Pairie.

L'INSTITUTION de la pairie n'est pas une conception de l'esprit humain : elle est sortie, comme d'elle-même, du régime féodal. Pour en découvrir l'origine, il faudroit donc se reporter à l'établissement des fiefs; mais, comme elle n'a pris une forme régulière que sous les premiers successeurs de Hugues Capet, je ne remonterai pas plus haut.

A cette époque, la France étoit gouvernée moins comme une monarchie que comme un grand fief. La couronne occupoit le sommet de la hiérarchie féodale. Sous sa dépendance immédiate se

plaçoient les hautes seigneuries. De celles-
ci en relevoient d'autres moins considérables. Ces dernières avoient également
leurs vassaux.

Tous ces fiefs subordonnés les uns aux
autres occupoient les différents degrés
de l'échelle féodale, et on leur donnoit
la qualification de domaines nobles. Sous
leur vasselage étoient les terres que l'on
appeloit roturières; et tous ces domaines
nobles et roturiers étoient liés entre eux
par des devoirs honorifiques, tels que la
foi et hommage pour les fiefs; et pour les
terres roturières, par des prestations fon-
cières, connues sous la dénomination de
cens et lods et ventes. Ainsi le lien féodal, à très peu d'exceptions près, em-
brassoit l'universalité du territoire de la
France, depuis la couronne jusqu'à la
plus petite parcelle de terre.

Chaque seigneurie avoit sa cour féodale. Le seigneur, magistrat propriétaire
du territoire, en étoit le président, et

sés vassaux immédiats y remplissoient les fonctions de juges.

Suivant le droit public d'alors, les deux premiers devoirs de tous les propriétaires de fiefs étoient de servir leur seigneur à la guerre et dans sa cour de justice; et comme juger, c'étoit combattre, puisque les affaires se terminoient presque toutes par le combat judiciaire, le service aux plaids et le service militaire étoient également commandés par l'honneur. *Un pair*, dit Pierre Desfontaines (1), *ne pouvoit pas dire qu'il ne jugeroit pas s'ils n'étoient que quatre, ou s'ils n'y étoient tous, ou si les plus sages n'y étoient. C'est comme s'il eût dit, dans la mêlée, qu'il ne secourroit pas son seigneur, parcequ'il n'avoit*

(1) Chap. 27, art. 28. Cet auteur écrivoit sous le règne de St Louis. Son ouvrage et celui de Beaumanoir, publiés en 1270, sont les deux monuments les plus précieux du treizième siècle.

*auprès de lui qu'une partie de ses hom-
mes.* Ce n'est pas tout: le jugement délibéré, le ministère des vassaux n'étoit pas
consommé; ils devoient tous être pré-
sents lorsqu'on le prononçoit, afin qu'ils
pussent dire *oil* à celui qui, voulant le
fausser, leur demandoit *s'ils ensuivoient.*
C'est, dit le même Pierre Desfontaines,
*une affaire de courtoisie et de loyauté,
et il n'y a là ni fuite ni remise.*

Devant ces tribunaux se portoient généralement toutes les affaires qui intéressoient les prérogatives du seigneur (1),
les domaines, les droits et les charges des
vassaux; de manière que la règle étoit
qu'un propriétaire de fiefs ne pouvoit
être jugé que par ses *pairs* (2).

---

(1) Lorsque l'affaire intéressoit directement le seigneur, il établissoit et régloit la cour, mais ne jugeoit
pas. Son adversaire pouvoit l'appeler au combat, mais
en lui rendant le fief qu'il tenoit de lui.

(2) *Nemo beneficium suum perdat, nisi secundùm
consuetudinem antecessorum nostrorum, et per judicium* PARIUM *suorum.* Const. de l'Empereur Conrad.

On donnoit cette dénomination de *pairs* à tous les propriétaires de fiefs, considérés dans leur rapport avec les autres vassaux de la seigneurie dont ils relevoient eux-mêmes. C'étoit s'exprimer avec justesse. Effectivement, ils étoient égaux entre eux, *pares inter se*, et comme vassaux et comme juges. Comme vassaux, puisque sous la mouvance du même seigneur, ils occupoient le même degré de l'échelle féodale; comme juges, puisque, membres du même tribunal, ils y exerçoient les mêmes fonctions. Ainsi l'on disoit de ceux qui tenoient des fiefs des ducs de Bourgogne, des comtes de Champagne, qu'ils étoient pairs de Bourgogne ou de Champagne, etc. On appeloit de même pairs du Roi ceux qui relevoient de lui à cause de telle ou telle seigneurie de ses domaines, enfin la magnifique qualification de pair de France appartenoit exclusivement à ces grands feudataires dont nous parlerons dans un

instant, et dont les hautes seigneuries
avoient l'éminent privilége de relever du
Roi, à cause de sa couronne. A ces derniers seuls est demeurée la dénomination
de *pairs*. Pourquoi l'ont-ils conservée?
pourquoi les autres l'ont-ils perdue? C'est
ce qu'il faut expliquer.

Lorsque par suite de l'abolition du
combat judiciaire les jugements furent
soumis à des règles et à des formes qu'il
falloit connoître pour pouvoir les appliquer, les seigneurs, qui n'estimoient que
la profession des armes, et qui n'admi-
nistroient la justice que parcequ'ils y
voyoient une image de la guerre, aban-
donnèrent les tribunaux, et cédèrent
leurs places aux hommes de loi. Devenus
justiciables de ces nouveaux juges, ils
ne furent plus jugés par leurs égaux; et
avec les jugements par pairs s'éteignit la
pairie.

Ce changement s'opéra pendant les
quarante dernières années du treizième

siècle (1), et les vingt premières du quatorzième. Dans cet intervalle disparu-
rent, à l'exception de la cour des pairs
de France, toutes les cours féodales du
royaume, c'est-à-dire tous les tribunaux
dans lesquels la justice étoit rendue par
des propriétaires de fiefs.

Ces propriétaires de fiefs abandon-
noient les fonctions judiciaires, parcequ'ils regardoient l'étude des lois et l'as-
sujettissement aux formes de la procédure comme trop au-dessous d'eux. Ces
motifs devoient agir encore plus fortement sur les pairs de France, d'ailleurs
assez occupés du gouvernement de leurs
vastes domaines. Ajoutons que leur nombre, qui étoit originairement de six, se

---

(1) St. Louis donna la première impulsion par son
règlement de l'an 1260 : règlement par lequel il défendit
le combat judiciaire dans les terres de ses domaines, et
ordonna que désormais les appels portés devant ses
cours seroient jugés d'après les moyens respectifs des
parties.

trouvoit alors réduit à trois. Cependant
cetteCour qui, plus que toutes les autres,
devoit dédaigner le nouvel ordre judiciaire, que l'on pouvoit même regarder
comme abolie de fait, s'est maintenue
avec toutes ses attributions, toutes ses
prérogatives, et voici comment :

En 1297, Philippe-le-Bel ajouta trois
nouveaux pairs à ceux qui restoient; et,
dans les années qui suivirent, plusieurs
autres furent successivement créés. Mais
restoit toujours l'obstacle résultant de
l'ignorance des lois et des formes; ignorance qui rendoit ces grands feudataires
incapables de former un tribunal régulier. Ils eurent le bon sens de le sentir.

Le parlement venoit d'être rendu sédentaire à Paris (1). La sagesse de ses
arrêts, sa dignité dans l'exercice de ses
fonctions, l'habitude que les Rois prenoient de délibérer avec lui sur les plus

_____

(1) Par l'ordonnance du 27 mars 1302.

grands intérêts de l'Etat, le rendoit l'objet de la vénération universelle (1). Frappés de l'éclat qui l'environnoit, les pairs de France, qui d'ailleurs sentirent combien les formes de procéder nouvellement introduites embarrasseroient un tribunal uniquement composé de hauts barons, placèrent la cour des pairs dans la cour de parlement. La fusion fut telle, que les deux compagnies n'en formèrent qu'une seule ; et cet ordre de choses fut érigé en loi de l'Etat par l'ordonnance du mois de décembre 1363 (2).

Unis au parlement, à ce corps essentiellement conservateur, les pairs de France

---

(1) On lit dans l'Histoire des Parlements, par la Roche-Flavin : « La réputation et l'autorité du parlement « étoient telles, que les princes étrangers lui ont plu-« sieurs fois soumis les démélés qu'ils avoient entre eux. « Témoins l'empereur Frédéric II, le pape Innocent IV, « les rois de Castille et d'Aragon, etc. »

(2) Cette ordonnance dit que le parlement est, *totius justitiæ regni nostri speculum clarissimum.*

ont partagé sa durée, sa gloire et sa catas-
trophe. Comme lui, et avec lui, ils ont été
emportés par le torrent révolutionnaire;
mais, plus heureux que lui, ils viennent
de recevoir une nouvelle existence, cependant avec des modifications que nous
aurons soin de faire remarquer.

Les changements que les siècles ont
successivement fait éprouver à cette institution partagent les détails qui la con-
cernent en cinq époques ou cinq âges.
Je vais les parcourir successivement.

CHAPITRE II.

Premier âge de la Pairie finissant
en 1297.

Cette magnifique qualification de pair
de France étoit, comme nous venons de
le dire, exclusivement attachée à la noble
prérogative de relever du Roi, non à
cause de telle ou telle seigneurie de son

domaine, mais à cause de sa couronne. Les grands fiefs qui, vers la fin du dixième siècle, jouissoient de ce privilége, étoient au nombre de sept; savoir : les duchés de France, de Bourgogne, de Normandie et d'Aquitaine; les comtés de Toulouse, de Flandre et de Champagne.

Nous disons que ces hautes seigneuries relevoient du Roi, non à cause de son domaine, mais à cause de sa couronne. Ces deux sortes de mouvances sont en effet très différentes. On les a toujours distinguées avec beaucoup de soin. C'est une précision qu'il ne faut pas perdre de vue.

D'abord, si riche de tant d'usurpations, le domaine de la couronne en avoit lui-même tellement éprouvé de la part des grands et des gens de guerre qui s'étoient rendus propriétaires de leurs gouvernements et de leurs fiefs, que, sous le dernier des successeurs de Charlemagne, il étoit à-peu-près réduit au comté de Laon.

L'avénement de Hugues Capet au trône lui rendit une partie de son ancienne consistance. Ce prince, duc de France, comte de Paris et d'Orléans, et qui, en cette triple qualité, jouissoit de grands domaines, et avoit sous son vasselage un très grand nombre de seigneuries, dont plusieurs fort considérables, telles que les comtés de Blois, de Touraine et d'Anjou, dota la couronne de toutes ses possessions.

Mais le nouvel éclat dont se couvroit le seigneur n'ajouta rien à la qualité des fiefs de sa mouvance. A la vérité, les propriétaires de ces fiefs devinrent les vassaux du Roi, mais du Roi comme duc de France, comte de Paris ou d'Orléans, et non à cause de sa couronne. Ainsi chacun resta sur le degré de l'échelle féodale qu'il occupoit auparavant, et ces nouveaux vassaux du Roi, toujours à la même distance de la couronne, ne partagèrent avec les pairs de France,

ni le rang, ni les prérogatives de la
pairie.

Ces pairies, d'abord au nombre de
sept, furent réduites à six par la réunion du duché de France au domaine de
l'Etat.

Les ducs de Bourgogne, d'Aquitaine,
de Normandie; les comtes de Toulouse,
de Flandre, de Champagne, qui, comme
les Rois, avoient leurs cours, leurs grands
officiers, leurs armées, et qui jouissoient
dans leurs terres des attributs de la sou-
veraineté, entraînés par le sentiment de
leurs forces, bien plus que par celui de
leurs devoirs, oublièrent long-temps que,
premiers vassaux de la couronne, ils devoient en être les plus fermes appuis.
Souvent armés contre le Roi, lorsqu'ils
réunissoient leurs forces aux siennes,
c'étoit bien plus comme ses alliés que
comme ses sujets et ses feudataires.
Hugues Capet trouva dans le duc d'Aquitaine et dans le comte de Flandre les

premiers obstacles à son affermissement
sur le trône.

Enfin, au sacre de Philippe-Auguste,
on vit les pairs de France environner le
Roi, ajouter par leur présence à l'éclat
de cette auguste cérémonie, et y figurer comme grands officiers de la couronne. Le comte de Flandre y porta l'épée
royale, et le duc de Normandie la couronne (1).

---

(1) Un exemple suffira pour donner une idée de la
puissance de ces grands vassaux et de l'étendue de leurs
domaines. Henri II (mort en 1189) étoit duc de Normandie, comme roi d'Angleterre; duc de Guienne, du
chef d'Eléonore sa femme, et possédoit, à titre patri-
monial, le Poitou, la Saintonge, l'Auvergne, le Limo-
sin, le Périgord et l'Angoumois.

De ces différentes seigneuries, les deux premières
seules relevoient nuement de la couronne. Et voilà ce
qui nous révèle le secret de la foiblesse des premiers
Capétiens. Avec le beau titre de roi de France que personne ne leur contestoit, ils n'avoient d'autorité réelle
que celle qu'ils tenoient de la loi des fiefs; et cette autorité, bornée au droit d'exiger certains services de leurs
vassaux immédiats, ne s'étendoit pas jusque sur leurs

A côté de ces hauts barons, et dans cette même solennité, parurent avec le titre, le rang et les prérogatives de pairs de France, l'archevêque de Reims; les évêques de Laon, de Beauvais, de Noyon, de Châlons et de Langres.

On se demande comment a pu se présenter à l'esprit l'idée d'une innovation aussi subversive de la loi des fiefs, la seule qui fût alors respectée. On se demande encore pourquoi le choix de ces nouveaux pairs s'est exclusivement fixé sur les évêques de Picardie et des pays qui forment la province de Champagne. Voici de quelle manière cela peut s'expliquer.

---

arrières-vassaux. C'est ce qui faisoit dire au sire de Joinville, parlant du serment que St Louis fit prêter à ses barons avant de partir pour la seconde croisade : *Moi qui n'étois point sujet à lui, ne voulus point faire de serment.* Joinville dit qu'il n'étoit pas sujet du roi, parceque sa baronnie de Joinville, étant sous la mouvance du comte de Champagne, il ne relevoit de St Louis qu'en arrière-vasselage.

Il entroit dans la politique de Louis-
le-Jeune d'environner le sacre du prince
qui devoit lui succéder de tout ce qui
peut commander l'obéissance et la vénération du peuple. La mesure la plus propre à remplir ce double objet lui parut
être de réunir, dans cette auguste cérémonie, à l'éclat des dignités civiles, le
respect attaché aux dignités ecclésiastiques : et comme alors, par un renver-
sement d'idées que l'on a peine à concevoir aujourd'hui, la tiare avoit prévalu
sur les couronnes, et la pourpre romaine
sur les plus hauts rangs de la société, il
trouva tout simple de placer six évêques
à côté des six pairs de France, et de les
investir du même titre et des mêmes prérogatives. Telle étoit alors la situation des
esprits que cette innovation ne choqua
personne.

Cependant le problême n'est pas entièrement résolu. Pourquoi Louis-le-
Jeune fixa-t-il exclusivement son choix

sur des évêques de Champagne et de Picardie? C'est ce qui reste à expliquer.

On ne peut pas en douter. En associant des évêques aux pairs laïcs, Louis-le-Jeune avoit principalement considéré l'effet moral et religieux que leur caractère devoit produire sur les imaginations. Cependant telle étoit l'importance attachée à la possession des fiefs, que jamais les esprits ne se fussent familiarisés avec cette institution, si les six évêques n'avoient pas été propriétaires de fiefs. Ils en possédoient effectivement; mais tous les autres avoient le même avantage. Ainsi le roi pouvoit indifféremment choisir dans toute l'étendue de son royaume. Pourquoi donc son choix s'est-il exclusivement fixé sur les provinces de Picardie et de Champagne? On peut en donner deux raisons : l'une puisée dans le régime féodal, l'autre tirée des circonstances qui accompagnèrent et suivirent l'avénement de Hugues Capet.

2

Nous venons de le dire: les six évêques étoient tous propriétaires de fiefs. Mais il y avoit loin de cette qualité à celle de pair de France. Pour être pair d'une seigneurie, il falloit être sous sa mouvance immédiate. Pour être pair de France, il falloit donc relever nûment de la couronne, et de tous les grands fiefs du royaume, les six que nous venons de signaler avoient seuls cette prérogative. On ne pouvoit donc conférer à des évêques qu'une pairie fictive. Mais le respect pour la loi des fiefs exigeoit que la fiction s'éloignât le moins possible de la réalité; et, pour cela, le choix devoit se fixer sur ceux qui étoient vassaux, sinon de la couronne, au moins du roi, à cause de quelques unes des seigneuries de son domaine, tels que le duché de France, les comtés de Paris, d'Orléans et de Laon. Et les vassaux de ces quatre seigneuries ne se trouvoient que dans les provinces voisines de Paris.

Pour sentir combien grande étoit la différence que l'on mettoit alors entre la mouvance du roi et celle des autres seigneurs ; il ne faut que rappeler la manière dont les choses se passèrent à l'occasion de l'évêque de Langres. Le roi vouloit qu'il fût l'un des six nouveaux pairs : et à son siége étoit attachée la seigneurie de Langres. Il n'en falloit pas davantage , si l'on eût cru pouvoir se contenter de la simple qualité de seigneur de fief : mais ce fief relevoit du duché de Bourgogne ; et cette dépendance d'une seigneurie secondaire , parut tellement incompatible avec le titre de pair de France que Louis-le-Jeune crut ne pouvoir écarter cet obstacle qu'en traitant de la mouvance du comté de Langres avec le duc de Bourgogne.

Voilà ce qui a dû déterminer à choisir les six nouveaux pairs dans les provinces voisines de Paris ; mais on ne voit pas encore les motifs de la préférence accordée aux évêques de Champagne et de Picardie, et notamment à ceux de Rheims, de Laon, de Noyon, de Beauvais, de Châlons et de Langres. Voici peut-être la manière dont on peut résoudre ce problême :

L'avénement de Hugues Capet au trône donna lieu à des troubles qui se prolongèrent sous ses premiers successeurs : et les provinces de Picardie et de Champagne furent celles où, comme le dit Pasquier *on joua le plus des mains : on choisit* (c'est toujours Pasquier qui parle) *ceux des prélats qui avoient eu la plus grande part à la querelle : c'est à savoir, l'archevêque de Rheims, non seulement pour sa qualité, mais aussi parceque d'ancienneté il consacroit les rois, au-dessous duquel on mit pour second l'évêque de Laon, à cause de l'obligation qu'on lui avoit, et ainsi des autres.*

Ces douze pairs, soumis à tous les devoirs de la vassalité, devoient au roi le double service de l'*l'ost* et des *plaids*, c'est-à-dire que tout à-la-fois, soldats et juges, ils étoient également obligés de servir le roi dans ses armées et dans sa cour féodale. Membres essentiels de cette cour, ayant seuls, par la loi des fiefs, le droit d'y siéger, ils étoient les juges naturels des affaires qui les concernoient, comme pairs de France, et de celles qui intéressoient le roi, en sa qualité de chef suprême de la hiérarchie féodale.

On conçoit aisément que, sous les premiers Capétiens, ce noble tribunal eut fort peu d'activité. Les six pairs de France qui en étoient tout à-la-fois les juges et les justiciables, ces hauts barons pour qui la guerre étoit un besoin, qui n'estimoient que la profession des armes, et qui dans leurs vastes domaines affectoient la plus entière indépendance, auroient rougi de demander à la justice ce qu'ils pouvoient obtenir de leur épée.

Cependant des alliances, des traités,

des conquêtes, augmentoient successivement le domaine de l'État et les forces
de la couronne. Enfin, après le meurtre
d'Arthur, comte de Bretagne par Jean-
Sans-Terre roi d'Angleterre et duc de
Normandie, Philippe-Auguste, qui réu-
nissoit à un grand caractère, à un esprit
élevé, ce courage brillant qui distingue
les chevaliers françois, pensa que les
temps étoient arrivés de déployer la
puissance de sa cour féodale. La mère
du jeune comte lui demandoit justice;
il renvoya sa plainte devant les pairs de
France. Il leur appartenoit effectivement
d'y statuer, puisqu'elle avoit pour objet
un crime commis en France par un pair
de France, et l'on peut ajouter sur
un vassal du roi, puisque le comte de
Bretagne lui avoit récemment fait hommage de son comté. L'arrêt qui intervint
condamna le roi d'Angleterre à la peine
capitale, et confisqua le duché de Normandie au profit du roi. Le pape, qui

venoit de réduire Jean-Sans-Terre à une
espèce de vasselage envers le saint-siége,
fit les plus grands efforts pour engager
Philippe-Auguste à rétracter cet arrêt.
De par tous les saints de France, répondit le roi, *il n'en sera que ce que
la cour des pairs voudra ;* et la Normandie est demeurée irrévocablement
réunie à la couronne. Ce jugement est de
l'année 1202.

Les pièces de ce grand procès ne sont
pas parvenues jusqu'à nous, et les historiens qui en parlent nous laissent ignorer et la forme dans laquelle l'ajournement fut donné au roi d'Angleterre, et
quels furent les pairs de France qui concoururent à ce jugement. L'affaire dont
nous allons parler nous donnera des notions sur ces deux points. Cette affaire
avoit pour objet le comté de Champagne. Voici l'état de la question :

Henri II, comte de Champagne, n'a-
voit laissé que deux filles, Alix et Phili-

pine; la première mariée à Hugues de Lu-
signan, roi de Jérusalem ; la seconde, à
Érard de Brienne. Sur le motif que le
comté de Champagne étoit un fief masculin, Thibaut III, frère de Henri, s'en
étoit mis en possession au préjudice de ses
nièces, et l'avoit transmis à Thibaut IV
son fils, qui, sous l'autorité de Blanche,
sa mère et sa tutrice, en avoit fait hommage à Philippe-Auguste.

Érard de Brienne, prétendant que ce
fief étoit masculin et féminin, et que,
par conséquent, Philippine sa femme en
étoit l'héritière légitime, réclama auprès
de Philippe-Auguste, qui, sur sa demande, convoqua la cour des pairs à
Melun, et y fit ajourner la comtesse de
Champagne, comme tutrice de Thibaut IV. Elle comparut, et l'arrêt rejeta
la demande d'Érard de Brienne.

Cet arrêt qui est de l'an 1216 se trouve
dans plusieurs recueils. Il donne lieu à
trois observations relatives, la première,

à la forme des ajournements aux pairs de France; la seconde, à la part que les rois prenoient aux jugements émanés de cette cour; la troisième, au nombre et à la qualité de ceux que les rois convoquoient pour la composer.

1° L'arrêt commence par ces mots : *Philippus Dei gratia cum dilecta et fidelis nostra Blancha comitissa Campaniæ, citata esset perducem Burgundiæ, M. de Monte Morency et Villelmum, de Barris, ut in curiam nostram veniret juri paritura super querela, quam Erardus de Brena, et Philippa quæ dicitur uxor ejus, contra eandem comitissam, et Theobaldum filium ejus proponebant.*

Ainsi la comtesse de Champagne fut ajournée par un pair de France, le duc de Bourgogne, et par deux chevaliers, Matthieu de Montmorency et Guillaume des Barres.

Cette forme sans doute est bien solen-

nelle ; cependant c'étoit une dérogation
à l'ancien usage.

Lorsque le roi jugeoit à propos de convoquer sa cour féodale, il l'annonçoit
par des lettres patentes qui indiquoient
le temps et le lieu de la réunion. Il adres-
soit ensuite des lettres particulières à
ceux de ces vassaux qui devoient composer le tribunal. Enfin un ordre spécial
émané de lui enjoignoit à celui contre
lequel la plainte ou la demande étoit di-
rigée, de se présenter devant ses juges ;
et cet ordre lui étoit notifié, non par de
simples officiers ministériels, mais par
deux de ses pairs. Telle étoit la règle.
Ici on y déroge. On voit en effet que la
comtesse de Champagne est ajournée,
non par deux de ses pairs, mais par un
seul, le duc de Bourgogne. Cependant,
par respect pour la règle, on supplée à
l'absence d'un second pair par deux chevaliers, Matthieu de Montmorency et
Guillaume des Barres.

On ne tarda pas à porter encore plus loin cette dérogation. Dans un procès porté de même à la cour des pairs, et dont nous parlerons dans un instant, entre la comtesse de Flandre et Jean de Nesle, la comtesse de Flandre, n'ayant été ajournée que par deux chevaliers, réclama contre cette innovation, et demanda la nullité de l'ajournement. L'arrêt décida, *quod comitissa fuerat sufficienter et competenter citata per duos milites et quod tenebat et valebat submonitio per eos facta dictæ comitissæ.*

Bientôt on alla plus loin encore : après avoir substitué les chevaliers aux pairs, on mit en maxime que, pour la régularité de ces ajournements, les sergents du roi étoient les égaux des chevaliers et des comtes. Et de là cette règle, que Loisel nous a conservée, *sergent à roi est pair à comte.*

2° Notre seconde remarque a pour

objet la partie narrative du jugement ;
on y lit : *Judicatum est a paribus regni
nostri..... nobis audientibus et appro-
bantibus quod*, etc.

Ce texte dit clairement que dans ces
cours féodales le roi présidoit, mais ne
jugeoit pas, et que cependant l'arrêt
n'étoit exécuté qu'après avoir reçu son
approbation (1).

Le jugement rendu et approuvé étoit
publié dans une forme législative. Le roi
donnoit des lettres patentes qui procla-
moient ses dispositions, et qui ordon-
noient aux autorités civiles et militaires
d'en assurer l'exécution. Pour ajouter

---

(1) On trouve dans l'Histoire généalogique du père
Anselme, tome II, pag. 808, un Mémoire que Guy,
comte de Flandre, fit présenter à Philippe-le-Bel, par
lequel il soutenoit qu'un arrêt rendu contre lui étoit
nul, par la raison que le roi avoit pris part à la délibération, comme juge, *tandis que*, dit le comte au roi,
*juge n'en étie. mie, ne juger n'en deviez, ains en
étoient juges li pairs de France, et juger en devoient.*

encore à cette publicité, tous les seigneurs qui avoient concouru au jugement donnoient de semblables lettres, qu'ils faisoient de même publier dans leurs domaines (1).

3° La composition de ces cours fera l'objet de cette troisième remarque.

Après l'avénement de Hugues Capet, nos rois eurent deux cours féodales qui différoient par leurs attributions, par le nombre et par la qualité des membres qui les composoient. Tous étoient également les vassaux du Roi; mais les uns en relevoient à cause de la couronne, les autres à cause des différentes seigneuries qui composoient son domaine. Les vassaux de la couronne occupoient le premier degré de la hiérarchie féodale, les autres n'étoient qu'en seconde ligne.

---

(1) Il nous reste plusieurs de ces lettres, on y lit : *Judicatum est à paribus Franciæ, audiente domino rege, et judicium approbante.*

La règle étoit que les vassaux de cha-que seigneurie, pairs entre eux, *pares inter se*, en formoient la cour féodale.

C'étoit une règle de ces temps-là que les propriétaires de fiefs ne pouvoient être jugés que par leurs pairs. La loi des fiefs disoit : *Nemo beneficium suum perdat nisi per judicium parium suorum*. Toutes les fois qu'il s'agissoit de juger une affaire qui concernoit l'un des six grands vassaux de la couronne, il falloit donc la réunion des cinq autres.

Mais ces hauts barons qui, dans les occasions les plus importantes mon-troient fort peu de soumission aux or-dres du roi, étoient sans doute peu dis-posés à y déférer lorsqu'il les appeloit pour former sa cour féodale, et y statuer sur des querelles et des prétentions qui leur étoient étrangères.

Dans cet état de choses, la cour des pairs tomboit en dissolution, si, par une conception très heureuse et sur-tout très

propre à augmenter les prérogatives de
la couronne, les rois n'avoient imaginé
de réunir leurs cours féodales à la cour
des pairs de France. C'étoit un grand
avantage pour la couronne. Les membres de cette cour féodale ayant presque
tous leurs seigneuries dans les environs
de Paris, et, à raison de ce voisinage,
possédant les principales charges de la
cour, les rois avoient nécessairement sur
eux une grande influence; et cependant,
simples vassaux du roi, ils devenoient par
cette réunion, les juges des vassaux de la
couronne. Il n'étoit pas possible de choquer plus ouvertement la loi des fiefs.

Les pairs de France, constamment occupés de leur ambition, des jalousies qui
les divisoient, de leurs guerres continuel-
les avec leurs voisins, et du gouvernement de leurs états, firent peu d'attention aux conséquences d'une innovation
aussi importante. Et dans l'arrêt que
nous examinons, et qui donne lieu à cette

remarque, on voit qu'ils souffrent, sans réclamer, que des seigneurs, non pairs de France, concourent au jugement de la comtesse de Champagne. Voici le texte de cette partie de l'arrêt : *Judicatum est ibidem à paribus regni nostri videlicet Alberico Remensi archiepiscopo, Villelmo Lingonensi, Villelmo Cathalomensi, Philippo Belvacensi, Stephano Noviomensi episcopis, et Odone duce Burgundiæ, et à multis aliis episcopis et baronibus nostris videlicet,* etc. Viennent ensuite les noms des évêques d'Auxerre et de Lisieux; des comtes de Bretagne, de Saint-Paul, de Roche, de Joigny, de Beaumont, d'Anjou et d'Alençon.

Des cinq pairs laïcs qui restoient alors, un seul, comme l'on voit, concourut au jugement, et les autres juges ne sont que de simples vassaux du roi, arrière-vassaux de la couronne (1).

_____

(1) Dutillet, dans son recueil intitulé : *Des Rois de France,* nous a conservé les noms de ceux qui jugèrent

A la vérité, on trouve aussi dans le nombre des juges les six évêques, pairs de France; mais, autant par leur caractère que par le peu d'importance de leurs fiefs, ils étoient étrangers aux grands intérêts de la pairie : et, d'un autre côté, ils devoient avoir une extrême tendance à faire prévaloir l'autorité du roi qui les avoit créés, et qui seul pouvoit les maintenir.

Cependant on ne crut pas encore la prérogative royale suffisamment affermie, et, huit ans après, en 1224, dans un procès entre la comtesse de Flandre et Jean de Nesle, procès dans lequel il s'agissoit uniquement des prérogatives de la pairie, les grands-officiers de la

---

Pierre, comte de Bretagne, en juin 1230. Ce sont les comtes de Flandre et de Champagne, pairs de France; les comtes de Nevers, de Blois, de Chartres, de Montfort, de Vendôme, Rouci, Matthieu de Montmorenci connétable de France, Jean de Soissons, Etienne de Sancerre, et le vicomte de Beaumont.

couronne prétendirent avoir droit de concourir au jugement des pairs de France : ceux-ci s'y opposèrent. Ils avoient sans doute les plus fortes raisons. La prétention des grands-officiers n'en fut pas moins accueillie par un arrêt rendu sous la présidence du roi, et dont voici les termes : *Cum pares Franciæ dicerent quod cancellarius, buticularius, camerarius et constabularius Franciæ, ministeriales hospitii domini regis non debebant cum eis interesse ad facienda judicia super pares Franciæ, et dicti ministeriales hospitii domini regis e contrario dicerent se debere secundum usus et consuetudines observatas interesse cum paribus ad judicandum pares. Judicatum fuit in curia domini regis, quod ministeriales prædicti de hospitio domini regis debent interesse cum paribus Franciæ ad judicandum pares, et tunc prædicti ministeriales judicaverunt comitissam*

*Flandriæ, cum paribus Franciæ. Apud
Parisios, anno Domini millesimo du-
centesimo vigesimo quarto* (1).

Mon objet étant, non de faire l'histoire de la pairie, mais de donner un
simple aperçu de l'origine de cette institution et des divers changements qu'elle
a successivement éprouvés, je n'en di-
rai pas davantage sur ce premier âge,
et je vais m'occuper du second, toutefois
après avoir observé que, par suite de la
patrimonialité de ces grands fiefs, les
femmes qui en étoient investies siégeoient dans la cour des pairs, et, comme membres de cette cour, jugeoient
et délibéroient avec les autres pairs de

---

(1) Jean Guerin évêque de Senlis étoit alors chancelier de France. Ce fut lui qui éleva la prétention, et
qui la fit accueillir. Il eut aussi le crédit de faire nommer
le chancelier avant les autres grands-officiers, ce qui
n'étoit pas auparavant. De tous les chanceliers, aucun
n'a contribué autant que lui à donner à cette grande
dignité l'éclat dont nous la voyons environnée.

France. Entre autres exemples, je rappellerai que l'on a vu Mahaut comtesse d'Artois, assister, non seulement au jugement de Robert de Flandre, mais à la cérémonie du sacre de Philippe-le-Long, et y soutenir la couronne du roi avec les autres pairs.

CHAPITRE III.

Deuxième âge de la Pairie, finissant en l'an 1505.

Ce deuxième âge date de l'an 1297. A cette époque, des six pairies de France; trois, savoir Normandie, Toulouse et Champagne, étoient rentrées dans la main du roi; la première par suite de la confiscation prononcée par l'arrêt de l'an 1202; la seconde en vertu du traité passé entre saint Louis et Raymond, comte de Toulouse en 1228; la troisième par le mariage de Philippe-le-Bel avec Jeanne comtesse de Champagne.

Il entroit dans la politique des rois de réunir également les trois autres pairies; et même l'une d'elles, celle de Bourgogne, tenue en apanage par un prince du sang royal, étoit réversible à la couronne, à défaut d'hoir mâle. Ainsi dans un temps qui ne pouvoit pas être fort éloigné, ce magnifique établissementdevoit s'éteindre et disparoître.

Cependant les services que la cour des pairs avoit déja rendus à la couronne, notamment dans l'affaire jugée par l'arrêt de 1202, faisoient pressentir que seule elle pouvoit forcer les hauts barons à plier sous le poids de l'autorité royale. Telle étoit en effet l'organisation de ce redoutable tribunal, que ses membres joignoient leurs forces à celles du roi, pour assurer l'exécution des jugements auxquels ils avoient concouru. Ainsi la prérogative royale trouvoit dans cette

institution le double appui de la force
des armes et de l'autorité des lois. Le
grand objet de la politique d'alors devoit
donc être d'en prévenir la dissolution.
Philippe-le-Bel le sentit, et il y pourvut
par une création de nouveaux pairs de
France.

Mais, pour donner des égaux à des
hommes qui mettoient leur gloire à n'en
pas reconnoître ; pour présenter à la nation, comme placés sur le premier degré
de la hiérarchie féodale, des vassaux qui,
dans la réalité, n'occupoient que le second ; pour conserver à cette haute cour
son éclat, sa dignité, sa force et sa pré-
pondérance, en un mot pour faire accueillir une semblable innovation, il falloit au moins, et que les nouveaux pairs
fussent pris, s'il étoit possible, sur les
degrés du trône, et qu'ils fussent investis
de grandes et notables seigneuries. Ces
considérations dirigèrent constamment
les choix de Philippe-le-Bel et de ses

premiers successeurs. Pendant deux siècles, ils n'élevèrent à la dignité de pairs de France que des princes de leur sang.

Les trois premiers furent les comtes de Bretagne, d'Anjou et d'Artois. Ces trois comtés furent érigés en duchés-pairies, par lettres de la même année 1297. On y lit que le nombre des douze pairs étant diminué, l'ancienne constitution de la France seroit altérée, s'il n'y étoit pourvu par la création de nouvelles pairies. *Quod duodecim parium qui in prædicto regno nostro antiquitus esse solebant, est adeo numerus diminutus, quod antiquus ejudem regni status ex diminutione ejusmodi deformatus multipliciter videbatur.*

En 1315, érection du comté de Poitou en faveur de Philippe de France fils de Philippe-le-Bel; mais l'année suivante, cette pairie s'éteignit par l'avénement de Philippe à la couronne. Elle fut recréée en 1357 par Charles V régent du royaume en faveur de Jean son frère.

Le comté d'Évreux fut érigé en pairie en faveur de Louis de France fils puîné de Philippe-le-Hardi par lettres patentes du mois de janvier 1316.

En 1327, la baronnie de Bourbon fut érigée en duché-pairie en faveur de Louis I fils aîné de Robert de France, sixième fils de saint Louis. Les lettres d'érection semblent présager les grandes qualités de Henri IV et son avénement au trône ; le roi y dit : *J'espère que les descendants du nouveau duc contribueront par leur valeur à maintenir la dignité de la couronne.*

En cette même année 1327, la baronnie d'Etampe fut érigée en comté-pairie en faveur de Charles d'Évreux fils de Louis de France comte d'Évreux.

Philippe dernier duc de la première branche royale de Bourgogne étant décédé le 21 septembre 1361, le roi Jean

qui réunit ce duché à la couronne, le
donna en apanage et en pairie à Philippe
son quatrième fils, par lettres du 6 septembre 1363. Par ces lettres, le roi lui
confère le titre et le rang de premier
pair de France. Jusque-là, la presséance
entre les pairs avoit été réglée par l'ancienneté de la pairie. Autorisés par cet
exemple, nos rois, par un effet de leur
toute-puissance, ont plus d'une fois interverti les rangs assignés aux pairs de
France par l'ancienneté de leurs pairies.

Pendant les dernières années du quatorzième siècle, tout le cours du quin-
zième, et jusqu'en l'année 1505, époque
à laquelle finit ce que l'on appelle le
deuxième âge de la pairie, furent successivement décorés de cette dignité les
comtés du Maine, d'Orléans, de Nantes,
de Mâcon, de Berry, de Touraine, de
Valois, de Nemours, etc.

Ainsi fut réorganisée la cour des pairs
de France, au moment où elle touchoit

à sa dissolution. Elle étoit l'ouvrage du temps et des circonstances; sa récomposition fut celui d'une sagesse prévoyante.

Pour éteindre cet esprit d'indépendance, ces rivalités de pouvoir, ces prétentions à l'égalité que les anciens pairs n'avoient cessé de manifester, les rois, pendant la durée de cette seconde période, ne conférèrent la dignité de pairs de France, qu'à des princes de leur sang.

Cette innovation eut l'influence qu'elle devoit avoir. Les nouveaux pairs, tous membres de la famille royale, tous habiles à succéder à la couronne, et qui tous s'honorèrent du titre de premiers sujets du roi, se pressèrent autour du trône, en devinrent tout à-la-fois le plus bel ornement et le plus ferme appui, et cette grande et magnifique institution prit alors un caractère vraiment monarchique, caractère qu'elle a conservé jusqu'en 1789, époque où elle fut ensevelie sous les ruines du régime féodal, mais sa conservation exigeoit encore d'autres mesures.

Le petit nombre des pairs de France, la résidence de l'un d'eux en Angleterre, celle des cinq autres à des distances très éloignées de la capitale, devoient rendre leur réunion, et par conséquent la formation de cette haute cour, extrêmement difficile.

On avoit pourvu à cet inconvénient en adjoignant aux pairs laïcs d'abord six pairs ecclésiastiques, ensuite des vassaux du second ordre, c'est-à-dire qui relevoient, non de la couronne, mais du roi, à cause de telle ou telle seigneurie de son domaine. L'affaire entre les comtes de Champagne et de Brienne, jugée en l'an 1216, en offre un exemple. Dans le compte que nous en avons rendu, nous avons fait remarquer que les comtes de Bretagne, de Saint-Pol, d'Anjou, d'Alençon, etc., concoururent au jugement avec le duc de Bourgogne, le seul des pairs laïcs qui se fût rendu à la convocation du roi ; mais ces vassaux avoient, au moins pour la plûpart, la même tendance et le même intérêt que ceux du premier ordre à s'opposer au développement de l'autorité royale. On devoit donc, comme on le fit, s'affranchir de la nécessité de les appeler au jugement des affaires qui intéressoient la couronne.

Cependant deux obstacles s'opposoient à ce que la pairie ainsi réorganisée, prît la forme d'un tribunal régulier. Pendant les premières années du quatorzième siècle, le nombre des pairs laïcs ne fut pas porté au-delà de dix : et l'on ne pouvoit guère présumer que des princes distraits par tant d'autres soins, mettroient beaucoup d'exactitude dans l'exercice des fonctions judiciaires. D'un autre côté, les formes de procéder, nouvellement introduites dans les tribunaux, devoient beaucoup embarrasser une cour uniquement composée de hauts barons et de princes du sang royal.

On parvint à écarter ces deux difficultés par une conception très heureuse,
ce fut de réunir la cour des pairs à la
cour du parlement.

Nous avons déja parlé de cette réunion; nous y revenons pour dire comment les choses se passèrent.

A peine le parlement fut-il rendu sédentaire à Paris, que l'avantage de n'avoir
que lui pour juge fut envisagé, par tous
les grands du royaume, comme le privilége le plus éminent qu'ils pussent obtenir; que les rois eux-mêmes ne voulurent
pas d'autres juges pour leurs propres affaires; qu'ils mirent sous leur sauvegarde
les prérogatives de leur couronne; enfin
que l'on crut ajouter encore, s'il étoit
possible, à la dignité de la cour féodale de
France, en la réunissant au parlement,
pour ne former avec lui qu'un seul corps,
qu'un seul et unique tribunal. Alors dis-
parurent les deux inconvénients dont
nous venons de parler. Les pairs de

France eurent la certitude de trouver dans la majorité de leurs juges l'habitude et la connoissance des affaires : et, quelque foible que fût le nombre de ceux qui concouroient à un jugement, on pouvoit toujours employer cette formule constamment usitée .depuis : *la cour suffisamment garnie de pairs ;* ce qui suffisoit pour régulariser la procédure.

Cette fusion ne fut d'abord établie par aucune loi; elle se fit en quelque sorte par la seule force des choses. Le premier exemple d'un pair de France traduit devant le parlement ainsi devenu cour des pairs est de l'an 1315. On voit, par des lettres patentes de cette année, que le comte de Flandre y fut accusé *de rebellion et de désobéissance.*

Bientôt on vit les pairs de France figurer dans les listes des magistrats du parlement comme conseillers et membres de cette cour. On lit dans les OEuvres

de M. d'Aguesseau (1) : « Sous le règne
« de Philippe de Valois, suivant l'opinion
« commune de nos meilleurs auteurs, lors
« que le parlement fut fixé à un nombre
« certain d'officiers, les douze pairs y sont
« compris comme membres ordinaires
« de cette auguste compagnie, sans d'au-
« tres distinctions que celle du rang et
« de la séance entre eux et les autres con-
« seillers. »

Les esprits se familiarisèrent si prompt-
tement avec cette innovation, que l'ordonnance de 1363 en parle comme d'un
droit déja ancien et généralement reconnu. On y lit que le parlement est seul juge,
en premier et dernier ressort, de toutes
les affaires qui intéressent les pairs de
France. *Ordinamus et statuimus quod
nulla causa in dicta nostra curia parla-
menti introducatur, nisi sit talis quod
jure suo ibidem debeat agitari,* SICUT
SUNT CAUSAE PARIUM FRANCIAE.

_____

(1) Tome III, page 716.

Depuis cette réunion, la cour de parlement *suffisamment garnie de pairs*
a constamment connu non seulement
de toutes les difficultés qui se sont éle-
vées sur l'existence, la transmission et
les droits des pairies, mais encore de toutes les accusations intentées contre les
pairs de France.

La fin de ce second âge est encore remarquable par le changement qui s'opéra
dans la manière de considérer les pairies.

On définissoit la pairie, *un fief de dignité avec fonctions publiques.* Ainsi l'on
reconnoissoit dans cette dignité deux
éléments très distincts : des droits personnels et des droits réels ; et on voyoit
dans chaque pair de France le propriétaire d'une seigneurie du premier ordre,
et un magistrat membre de la première
cour du royaume. Si l'on eût suivi l'ordre
naturel des idées, on auroit fait prévaloir
les droits personnels sur les droits réels,
et la jouissance du fief auroit été attachée

à l'investiture des fonctions publiques.
Mais telle étoit l'importance que l'on at-
tachoit aux tenures féodales, que les
droits personnels n'étoient regardés que
comme l'accessoire des droits réels.

De cette théorie on faisoit résulter
plusieurs conséquences, dont les deux
plus notables étoient, 1° que, pour
jouir des droits et des prérogatives de
pair de France, il suffisoit de posséder,
à quelque titre que ce fût, un fief érigé
en pairie. Et de là tous ces exemples
que Dutillet a tirés des registres du parlement, de femmes ajournées en cette
cour pour décider avec le roi et les autres pairs, tantôt de la propriété d'une
pairie, tantôt de l'honneur et de la vie
même d'un pair de France. On alloit
encore plus loin; on disoit : puisque les
femmes sont capables d'exercer elles-
mêmes les droits personnels, elles peuvent les communiquer à leurs maris et
les transmettre à leurs descendants. Il

4

y a plusieurs exemples de ces trans-
missions : alors on jugeoit de la qualité
du seigneur par celle de la seigneurie,
et la dignité n'étoit regardée que comme l'accessoire du fief, ou, si l'on veut,
comme un fruit civil et honorable de la
terre.

De ce principe de la réalité des pairies,
et de la prééminence que l'on accordoit
aux droits réels sur les droits personnels,
on tiroit cette seconde conséquence,
qu'en même temps que le roi avouoit un
pair de France pour son vassal, il lui im-
primoit le caractère de juge; et que la
pleine possession du fief conféroit le pouvoir de remplir toutes les fonctions judiciaires. En conformité de cette opinion,
et par cela seul que le roi avoit reçu leur
hommage, les pairs de France se regardoient comme investis des fonctions judiciaires, entroient au parlement, et y
siégeoient comme juges, sans réception
préalable, sans prestation de serment.

Il paroît que ce contraste entre les membres d'un même corps, et qui étoient revêtus des mêmes fonctions, dont les uns étoient assujettis à un serment solennel, et les autres en étoient dispensés, fut ce qui frappa d'abord les bons esprits; et leur attention une fois portée sur cette jurisprudence, il ne leur fut pas difficile de reconnoître qu'elle choquoit les notions les plus simples.

En effet, quoi de plus contraire à la saine raison que de subordonner ainsi le seigneur à la seigneurie, de ne voir dans l'exercice des plus hautes fonctions que l'accessoire et comme le produit d'un simple domaine, et d'attribuer à la seule possession d'un fief, et sans aucune espèce d'intervention de la puissance publique, le droit éminent de rendre la justice. C'étoit méconnoître la règle qui veut que, dans toutes les monarchies, l'autorité judiciaire réside exclusivement dans la personne du prince, et que nul

ne puisse l'exercer qu'en vertu d'une dé-
légation spéciale émanée de lui.

Dans les dernières années du quin-
zième siècle, cette règle fondamentale,
que toute justice émane du roi, reparut
enfin avec toute l'autorité qu'elle n'auroit jamais dû perdre. A l'aide des lumières qui en jaillirent, on retrouva les
vrais principes de cette matière : et voici
quel fut à cet égard le développement
des idées.

Cette distinction si naturelle et si frap-
pante entre les droits réels et les droits
personnels se fit d'abord sentir, et l'on
vit dans les pairies et dans les pairs deux
choses et deux qualités très distinctes,
le domaine féodal et les fonctions publiques, le pair de fief et le pair de dignité, ou, ce qui est la même chose, le
magistrat et le vassal.

On acquéroit cette qualité de vassal
par la prestation de l'hommage; mais
cet acte purement réel ne couvroit que

le fief, et ne donnoit aucun titre aux
fonctions judiciaires. Cependant les pairs
de France avoient le droit de les exercer; mais ce droit ils ne le tenoient pas
de leur réception à la foi et hommage,
comme on l'avoit pensé jusqu'alors; il
leur étoit conféré par le roi, qui, dans
les lettres d'érection des pairies, en in-
vestissoit, non seulement celui en faveur duquel la pairie étoit érigée, mais
encore tous ceux qui, par ces mêmes
lettres, étoient appelés à la recueillir.

Une fois qu'il fut reconnu que les lettres d'érection tenoient lieu de provi-
sion à ceux qui étoient appelés à posséder la pairie, on vit dans les pairs de
France des officiers institués par le roi
et par lui investis du droit d'adminis-
trer la justice, avec cette seule différence entre eux et les autres conseillers
au parlement, que les institutions des
uns étoient collectives, et celles des
autres individuelles. Ce retour aux sai-

nes maximes conduisit à quatre conséquences.

1° En conformité de la règle commune
à tous les tribunaux, les pairs ne furent
admis à prendre séance au parlement
qu'après avoir soumis leurs lettres à sa
vérification et prêté serment ; et même l'usage s'étant établi, quelque temps
après, de n'admettre à la prestation du
serment qu'après une information de vie
et de mœurs, les pairs de France furent,
comme les autres conseillers, assujettis à
cette formalité.

2° Jusqu'alors les pairs ne s'étoient
réunis en tribunal que sur une convocation du roi, et leur compétence s'étoit
exclusivement concentrée sur les affaires
relatives aux pairs et aux pairies. Devenus par l'institution royale et la prestation du serment membres essentiels du
parlement, ils eurent le droit de concourir aux jugements de tous les procès,
quel qu'en fût l'objet et la nature. Aussi,

dans plusieurs lettres d'érection, postérieures à cette époque, la qualité de conseiller est-elle jointe à celle de pair de
France.

3° Les femmes étant inhabiles à recevoir des institutions de juges, et à prêter,
comme tels, serment dans les tribunaux,
perdirent le droit de siéger au parlement, et ne furent plus convoquées pour
concourir aux jugements des pairs de
France.

4° Puisque les lettres d'érection étoient
considérées comme tenant lieu de l'institution royale, chaque nouveau pair étoit
obligé de les soumettre à la vérification
du parlement, et cette cour n'admit au
serment que ceux qu'elle jugea nomina-
tivement compris dans la vocation. Alors
s'évanouirent pour toujours les prétentions de ceux qui, placés dans la ligne col-
latérale du premier institué, se croyoient
néanmoins appelés à l'exercice de toutes
les fonctions attachées à la dignité de

pair de France, lorsque l'ordre des successions leur déféroit la propriété du fief érigé en pairie ; alors la femme propriétaire d'une pairie féminine, c'est-à-dire érigée en faveur des femmes à défaut de mâles, n'en communiqua plus de plein droit à son mari les prérogatives personnelles. Il fallut obtenir des lettres, que l'on nommoit de continuation, lettres par lesquelles le roi conféroit au mari l'exercice des droits personnels et honorifiques attachés à la dignité de pair de France, et qui, relativement aux fonctions judiciaires, lui tenoient lieu de l'institution royale.

Cette époque est encore mémorable par différents arrêts d'une si haute importance qu'ils donnèrent lieu à des événements qui forment la partie la plus intéressante de l'histoire de ces temps-là. Les plus célèbres de ces arrêts sont ceux rendus contre le roi d'Angleterre, duc de Guienne ; le roi de Navarre, comte d'Evreux; le duc de Bretagne et Robert, comte d'Artois.

CHAPITRE IV.

Troisième âge de la Pairie, finissant en 1551.

Ce troisième âge date de l'année 1505.

Pendant toute la durée du précédent, les rois ne conférèrent le titre de pair de France qu'à des princes de leur sang. Dans celui-ci on ne voit encore que des princes élevés à la dignité de pair; mais ils ne sont plus exclusivement choisis dans la famille royale. Des princes étrangers sont honorés de cette haute faveur; et voilà ce qui constitue la distinction entre le deuxième et le troisième âge de la pairie.

Engilbert de Clèves fut le premier prince étranger qui fut élevé à la dignité de pair de France; il étoit fils de Jean

premier, duc de Clèves et comte de La
Marck, et d'Elisabeth de Bourgogne,
comtesse de Nevers et d'Eu, fille et héritière de Jean de Bourgogne comte de
Nevers, de Réthel et d'Etampes. Il avoit
été naturalisé françois par lettres de l'an
1486, et en 1489 il avoit épousé Cathe-
rine de Bourbon, quatrième fille de Jean
de Bourbon, comte de Vendôme. La
pairie de Nevers fut érigée en sa faveur
par lettres patentes données à Blois au
mois de mai 1505, enregistrées au parlement le 18 août de la même année.

On voit dans ces lettres quelles furent
les hautes considérations qui déterminèrent Louis XII à s'écarter d'une règle
constamment suivie depuis deux siècles,
on y lit : *Considérant la proximité de
lignage dont il nous atteint, et les
grands, louables, continuels et agréa-
bles services qu'il a par lui ci-devant
faits à nous et à la couronne de France,
fait et continue encore chaque jour, et*

espérons qu'il nous fer aci-après y celui notre cousin.

Dans cette même année 1505 le comté de Nemours fut érigé en pairie en faveur de Gaston de Foix.

En 1527, la même grace fut accordée à un prince de la maison de Lorraine. Le comté de Guise fut érigé en duché-pairie en faveur de Claude de Lorraine. L'enregistrement des lettres d'érection éprouva beaucoup de difficultés, et n'eut lieu qu'après plusieurs lettres de jussion (1).

---

(1) Mézerai, qui, dans son Histoire de France, règne de François Ier, parle des difficultés qu'éprouva cet enregistrement, en donne les motifs en ces termes : « Il « ne s'étoit point fait jusqu'alors d'érection de ces gran- « des dignités que pour suppléer le nombre des six an- « ciennes; voilà pourquoi le parlement, qui croyoit être « de son devoir de conserver les anciens ordres et la « majesté de la France que ces nouvelles pairies bles- « soient extrêmement, fit de graves remontrances au « Roi pour empêcher celle de Guise; mais le Roi desi- « rant gratifier de cet honneur un prince, qu'une vertu

Sous cette date, le président Hainault rapporte les dispositions d'un règlement relatif aux appels des jugements rendus par les juges des duchés-pairies. Voici comme il en parle : « Autrefois, comme « aujourd'hui, les personnes des pairs ne « pouvoient être jugées qu'au parlement « de Paris, et conséquemment toutes les « affaires concernant la pairie y ressor- « tissoient ; mais, par une espèce de con- « nexité, l'appel de toutes les autres sen- « tences de leurs juges qui ne concer- « noient pas la pairie y étoit aussi relevé : « ce qui causoit de grands frais aux jus- « ticiables. François premier, pour re- « médier à ces abus, ordonna que désor- « mais les appels des juges des pairies,

---

« extraordinaire élevoit presque à l'égal de ceux de son « sang, contraignit cette grande compagnie par huit « jussions d'obéir à ses volontés. » Le président Hainault, sous l'année 1527, dit de même que les lettres d'érection du comté de Guise en duché-pairie *ne furent enregistrées qu'après plusieurs lettres de jussion.*

« en ce qui ne concerneroit pas la pairie,
« seroient relevés au parlement du ressort
« où ils seroient situés. »

En même temps que l'on élevoit à la
dignité de pair des princes étrangers,
on continuoit de la conférer aux princes du sang royal. François premier
signala son avénement à la couronne
par l'érection de trois grandes terres en
pairie; savoir, le comté de Vendôme, la
vicomté de Châtelleraud, et le comté
d'Angoulême : la première en faveur de
Charles de Bourbon; la seconde en faveur de François, frère d'un autre Charles de Bourbon qui fut connétable, et la
troisième en faveur de madame Louise
de Savoie sa mère.

A cette époque, la dernière des six
pairies primitives, celle de Flandre, s'é-
teignit, non par sa réunion à la couronne
comme les cinq premières, mais par la
renonciation que François premier fit à
l'hommage de ce comté, par le traité de

Madrid en 1526; renonciation renouve-
lée par le traité de Crespy de l'an 1544.

Ce troisième âge est, comme les deux
précédents, très remarquable par la
haute importance des procès qui, pendant sa durée, furent soumis à la cour
des pairs. Les deux plus notables sont :
celui du connétable de Bourbon, jugé
dans les séances des 4, 26 et 27 juillet 1527, et celui commencé contre l'empereur Charlesquint au mois de janvier
1536.

Nous avons dit plus haut, et même
plus d'une fois, que la pairie de France
ne pouvoit reposer que sur des seigneuries mouvantes nuement de la couronne.
Cependant les fiefs élevés à cette dignité,
depuis la fin du treizième siècle, ne
relevoient du roi qu'à cause de son
domaine. C'est ici le lieu de dire que
pour se conformer aux principes, on
inséroit dans les lettres d'érection une
clause, en vertu de laquelle la sei-

gneurie décorée de cette dignité étoit distraite de son ancienne mouvance, et placée sous le vasselage immédiat de la couronne.

CHAPITRE V.

Quatrième âge de la Pairie, finissant en 1789.

Ce quatrième âge date de l'année 1551. Jusqu'à cette époque la dignité de pair de France avoit été le partage exclusif des princes. Nous allons voir cette dignité conférée à des gentilshommes.

Le premier que le roi crut pouvoir élever à ce haut rang fut Anne de Montmorency, connétable et grand-maître de France. Par lettres patentes données à Nantes en juillet 1551, enregistrées au parlement le 4 août suivant, la ba-

ronnie de Montmorency fut érigée en
duché-pairie, et le jeudi, 12 novembre
de la même année, le nouveau duc et
pair prêta, au parlement, le serment accoutumé.

Les motifs qui déterminèrent Henri II
à donner au connétable une distinction
aussi éminente sont consignés dans les
lettres d'érection ; on y lit : « *Ayant mis*
« *en considération l'antiquité, grandeur*
« *et noblesse de la maison des seigneurs*
« *de Montmorency, les magnanimes et*
« *vertueux personnages qui en sont is-*
« *sus, les longs et recommandables ser-*
« *vices qu'ils ont faits à la défense et à la*
« *conservation des droits de la couronne*
« *de France, en quoi ils se sont em-*
« *ployés avec le contentement de nos*
« *prédécesseurs rois,* etc. »

C'est cette communication de la qualité de pair de France aux gentilshommes qui distingue ce quatrième âge des
précédents.

Cette année 1551 est encore l'époque d'un autre changement. Jusqu'alors les pairs de France, les princes du sang, M. le dauphin lui-même, n'étoient entrés au parlement qu'après avoir déposé leurs épées. Le roi seul y paroissoit avec ce signe de la force, qui, dans les rois, est encore l'emblême du commandement et de la puissance. Henri II abolit cet usage, et permit aux princes et aux pairs de siéger avec l'épée. Le parlement réclama contre cette innovation, et représenta au roi, *que ce droit étoit réservé au roi seul, en signe de spéciale prérogative de sa dignité royale : et que le feu roi François I*ᵉʳ*, étant héritier présomptif de la couronne, et messire Charles de Bourbon, étoient venus au parlement, laissant leurs épées à la porte.* Ces remontrances furent sans effet.

La seconde pairie de ce quatrième âge est de 1569. Ainsi dix-huit ans s'écoulèrent sans nouvelles érections. Dans cet intervalle parut le célèbre édit de juillet 1566, qui auroit eu une grande influence, si l'on n'y eût pas dérogé immédiatement après sa publication. En voici le motif et les dispositions :

Long-temps les titres de duc, de marquis et de comte, sur-tout les premiers, furent le partage exclusif des princes du sang royal, et d'un petit nombre de familles d'origines inconnues, que, par ce motif, on pouvoit présumer descendues de ces gouverneurs de provinces, qui, profitant de la foiblesse des petits-fils de Charlemagne, usurpèrent l'hérédité de leurs gouvernements, et transformèrent en propriétés des titres qu'ils ne tenoient que précairement et sous le bon plaisir du roi. *Par succession de temps* (je transcris le préambule de l'édit); *par succession de temps la chose s'est tellement accrue..... qu'il y en a peu pour le présent de ceux qui ont servi*

*de leur personne aux faits des guerres,
qui ne s'estiment dignes d'honneur et
de récompense, et qui ne demandent
d'être honorés desdits titres, lesquels
viendroient à la fin en telle multitude,
qu'ils en seroient moins estimés.*

Ainsi dès le seizième siècle commen-
çoient à perdre de leur prix ces distinctions, ces titres d'honneur qui, en effet,
n'ont de valeur que par leur rareté. *Pour
y pourvoir*, ajoute l'édit, *voulons et ordonnons que dorénavant il ne sera fait
aucune érection des terres et seigneuries en marquisat ou comté que ce ne
soit à la charge et condition que, ve-
nant les sieurs propriétaires à décéder
sans hoirs mâles, icelles terres seront
réunies à notre domaine inséparable-
ment.*

Rien n'étoit mieux vu que d'opposer
ainsi l'intérêt à la vanité. Le remède pouvoit paroître violent; mais il faut croire
qu'il étoit indiqué par les efforts de l'in-

trigue et l'importunité des sollicitations.
Au surplus, il ajoutoit à l'éclat des terres
titrées, puisqu'il les assimiloit aux apa-
nages : d'ailleurs cette mesure étoit con-
forme aux principes.

En effet, la conversion d'un fief simple en fief de dignité est une inféodation nouvelle ; et toute inféodation suppose une tradition vraie ou feinte. Pour
la régularité de ces érections, il falloit
donc se prêter à la supposition que le
propriétaire du fief l'avoit remis au roi,
qui le lui avoit rendu avec le nouveau
titre dont il étoit décoré, mais sous la
condition du retour, à défaut d'enfant
mâle, condition qu'il est libre à tout do-
nateur d'imposer à son donataire.

Cet édit ne fut pas exécuté. Au décès
des propriétaires des fiefs de dignité sans
enfant mâle, leurs filles, leurs collaté-
raux continuèrent d'en hériter, et même
ils circulèrent dans le commerce par
toutes les voies transmissibles de la pro-

priété. Mais si tous les nouveaux possesseurs de ces différentes seigneuries
avoient eu le droit d'en porter le titre,
les qualifications de duc, de marquis et
de comte, ainsi jetées pour ainsi dire
au hasard, auroient bientôt perdu toute
espèce de valeur. On trouva le remède
à cet inconvénient, dans une distinction
aussi juste que naturelle. Cette distinction consistoit à séparer le titre de la
glèbe, le domaine du fief des prérogatives honorifiques, en un mot la tradition réelle de la tradition feinte.

On laissa donc, aux filles et aux col-
latéraux du dignitaire décédé sans enfants mâles, tout ce qu'il avoit possédé
avant l'érection, et qui n'étoit uni au
domaine de l'état que par une fiction,
c'est-à-dire le fief et les droits réels en dé-
pendants, et quant aux droits honorifiques, au titre et à la faculté de s'en dé-
corer dans les actes publics; comme dans
la réalité ces prérogatives étoient éma-

nées de la puissance publique, on les fit remonter à leur source et rentrer dans la main du roi.

Par cette séparation de la glèbe et du titre, le fief, rendu à sa nature primitive, ne fut plus, comme avant l'érection, qu'une simple seigneurie qui, privée des distinctions dont elle avoit été décorée, ne les fit plus rejaillir sur ceux qui en étoient propriétaires.

Cependant il n'étoit rien moins que rare de voir des acquéreurs de ces anciens fiefs de dignité, qui, feignant d'ignorer que le titre en étoit éteint, se qualifioient comtes ou marquis, avec autant d'assurance que si l'érection en eût été faite en leur faveur. C'étoient autant d'usurpations. La courtoisie françoise les toléroit; mais les tribunaux les réprimoient sévèrement toutes les fois que ces prétendus comtes ou marquis se permettoient de se qualifier tels dans des actes judiciaires.

Je reprends la suite des érections en pairies.

Par lettres patentes données au Plessis-lès-Tours, en septembre 1569, en faveur de Sébastien de Luxembourg, le comté de Pinthièvre fut érigé en duché-pairie. Le 5 du même mois de septembre, ces lettres furent enregistrées au parlement, *à la charge que ledit de Luxembourg sera tenu venir à ladite cour faire le serment de pair, tel que les autres pairs de France ont accoutumé l'y venir faire.*

Cette pairie s'éteignit dans la personne de Françoise de Lorraine, veuve de César duc de Vendôme, et le duché reprit le titre de comté de Pinthièvre. Il fut vendu à Marie-Anne de Bourbon, légitimée de France, veuve de Louis de Bourbon prince de Conti, qui le revendit à Louis-Alexandre de Bourbon comte de Toulouse, en faveur duquel il fut de nouveau érigé en pairie par lettres données à

Marly au mois d'avril 1697, enregistrées au parlement de Paris le 16 décembre 1698.

Plusieurs années auparavant, la pairie de Montmorency, la première de ce quatrième âge, s'étoit éteinte par suite de la confiscation des biens de Henri de Montmorency, pair et maréchal de France, condamné à mort le 30 octobre 1633, par jugement d'une commission établie à Toulouse.

L'année suivante cette pairie avoit été recréée sous le même titre de duché de Montmorency, en faveur de Henri de Bourbon prince de Condé, qui avoit épousé Charlotte-Marguerite de Montmorency, à laquelle, ainsi qu'à Charlotte et à Marguerite de Montmorency, femmes des ducs d'Angoulême et de Ventadour, le roi avoit remis les biens confisqués sur le maréchal.

Par lettres patentes données à Versailles au mois de novembre 1689, cette

pairie quitta le nom de Montmorency
pour prendre celui d'Enguien. Voici de
quelle manière les lettres patentes moti-
vent ce changement. Après avoir exposé
que le roi Louis XIII avoit bien voulu
conférer de nouveau le titre de duché-
pairie à la terre et seigneurie de Montmorency, en faveur du prince de Condé;
les lettres patentes ajoutent : « Mais à
« présent que notredit cousin le prince
« de Condé a bien voulu consentir ,
« en faveur de notre cousin Charles-
« François-Frédéric de Montmorency-
« Luxembourg, que le duché de Beau-
« fort portât à l'avenir le nom de Mont-
« morency, notredit cousin le prince
« de Condé nous a très humblement
« supplié de changer le nom dudit du-
« ché et pairie de Montmorency, dont il
« est propriétaire et possesseur, en celui
« d'Enguien, pour, sous ledit nom,
« posséder ledit duché et pairie avec les
« mêmes honneurs, titres, dignités, ap-

« partenances et dépendances, comme
« il en jouit sous le nom du duché et
« pairie de Montmorency, et, à cet effet,
« lui accorder nos lettres à ce nécessai-
« res, etc. »

Les deux premières pairies du quatrième âge ainsi éteintes, la troisième est
devenue la première ; cette troisième est
celle d'Uzès, ville du Bas-Languedoc,
possédée par la maison de Crussol, d'a-
bord en baronnie, ensuite à titre de
vicomté, qui fut érigée en duché par
lettres du mois de mai 1565, et enfin
élevée à la dignité de pairie en faveur
de Jacques de Crussol, par lettres patentes données à Amboise au mois de
février 1572, registrées au parlement de
Paris le 5 mars suivant ; on lit dans ces
lettres : *Meu d'un singulier desir que
nous avons toujours eu d'élever et ac-
croître en honneur et autorité ceux de
la maison de Crussol, tant pour être
des plus anciennes et illustres de notre*

pays de Languedoc, que pour mémoire et marque perpétuelle de leur insigne vertu et mérite envers nous, etc.

La même faveur a été successivement accordée à plusieurs grandes familles, soit à raison de leur ancienneté, soit à raison de leurs services, ou de la faveur dont elles jouissoient à la cour.

Voici la nomenclature des pairies qui existoient en 1789, avec la date de leurs érections : Uzès, 1572 ; Elbeuf, 1582 ; Montbason, 1595 ; Thouars, 1599 ; Sully, 1606 ; Luysnes, 1619 ; Brissac, 1620 ; Richelieu, 1631 ; Fronsac, Albret et Rohan, 1652 ; Piney, 1662 ; Grammont, 1663 ; Villeroy, 1663 ; Mortemart, 1663 ; Saint - Aignant, 1663 ; Gèvres, 1663 ; Noailles, 1663 ; Aumont, 1665 ; Charost, 1690 ; Saint-Cloud, annexé à l'archevêché de Paris, 1690 ; Harcourt, 1710 ; Fitz-James, 1710 ; Chaulnes, 1711 ; Villars-Brancas, 1716 ; Valentinois, 1716 ; Nivernois, 1721 ; Biron, 1723 ; Aiguillon,

1731; Fleury, 1736; Duras 1757; Lavau-
guyon, 1759; Praslin, 1762; La Roche-
foucauld, 1770; Clermont - Tonnerre,
1775; Aubigny, 1777; Choiseul, 1787;
Coigny, 1787.

Les pairs avoient le privilége de ne
pouvoir être jugés que par le parlement
de Paris suffisamment garni de Pairs.
Cette cour étoit le seul juge de leurs
personnes et de leurs pairies. Le parlement de Toulouse ayant décrété le duc
de Fitz-James; un arrêt du parlement
de Paris, du 30 décembre 1763, annula
ce décret.

Les pairs prétendoient que le parlement ne pouvoit les juger que lorsqu'il
y étoit préalablement autorisé par une
commission du roi. Le parlement soutenoit le contraire. On éleva cette difficulté en 1721, dans l'affaire du duc de
La Force, accusé de monopole; mais elle
ne fut pas définitivement résolue. Le roi
donna une déclaration provisoire le 9

mars 1721, par laquelle il fut ordonné que le procès du duc de La Force seroit continué, la cour suffisamment garnie de pairs, sans tirer à conséquence pour l'avenir. L'arrêt d'enregistrement de cette déclaration porte : *Sans que dudit enregistrement on puisse inférer la nécessité d'aucunes lettres pour les procès criminels des princes et des pairs, ni que le conténu en la déclaration puisse préjudicier aux droits et priviléges des princes et pairs de France ayant séance en la cour, de n'être jugés qu'en icelle.*

En 1624 s'éleva une question nouvelle : la question de savoir si un pair de France peut être contraint au paiement de ses dettes par l'emprisonnement de sa personne. Voici les circonstances de cette affaire :

Le duc de Candole pair de France, avoit emprunté une somme de 16,000 francs de la vicomtesse de Fruges, sous le cautionnement solidaire du sieur Jamet. La veuve Jamet ayant vendu son hôtel à la comtesse de Lesdiguières, la vicomtesse de Fruges forma opposition au paiement du prix, et la veuve Jamet traduisit le duc de Candole au châtelet de Paris, pour s'y voir condamner à payer la somme de 16,000 francs, à peine d'y être contraint par corps, en conformité de l'article 48 de l'ordonnance de Moulins, alors en vigueur. Le duc de Candole, condamné au châtelet, se pourvut par appel au parlement. Son avocat se retrancha dans la dignité de duc et pair: *Ce seroit*, dit-il, *une chose indigne de voir une personne de cette qualité emprisonnée, et souffrir un affront qui ne se peut réparer. Aussi personne n'a-t-il encore osé faire une fois cette demande.*

Pour toute réponse, l'avocat de la veuve Jamet opposa la disposition de l'article 48 de l'ordonnance de Moulins; disposition conçue en termes tellement généraux, qu'ils sont exclusifs de toute espèce d'exception.

M. l'avocat-général Servin, après quelques mots assez insignifiants, finit par s'en rapporter à la prudence de la cour.

L'arrêt qui est du 19 mars 1624 confirma la sentence du châtelet. Après l'avoir prononcé, M. le premier président de Verdun ajouta : *Préjugé qu'un duc et pair de France n'est point exempt de l'ordonnance, ni de la contrainte par corps* (1).

---

(1) Voyez le recueil des arrêts de Bardet, liv. II, ch. XVI.

Brodeau qui parle également de cet arrêt dans ses annotations sur M. Louet, lettre G, ajoute : J'ai observé une chose grandement remarquable sur ce sujet, dans le registre du conseil du parlement, qui commence le 12 novembre 1551, qu'au mois de septembre précédent, y ayant eu lettres patentes octroyées par le roi Henri II, aux présidents et conseillers, portant exemption pour leurs personnes et offices de la contrainte des créanciers pour le paiement de leurs dettes, auxquelles

Pendant la durée de ce quatrième âge, plusieurs autres procès relatifs aux pairs et aux pairies, furent portés au parlement : mais bien moins importants que ceux dont nous avons précédemment rendu compte, il ne s'y agissoit que de rang de preséance, et de difficulté entre les héritiers des pairs décédés sans enfants mâles. De ces difficultés, les unes avoient été terminées par des arrêts ; d'autres étoient encore indécises. Toutes, ainsi que quelques unes qui ne s'étoient pas encore présentées, mais qui pouvoient s'élever, furent réglées par le célèbre édit du mois de mars 1711.

---

leurs autres biens demeureroient affectés, obligés, et hypothéqués ; messieurs les gens du roi, par maître Pierre Séguier, avocat-général, remontrèrent à la cour, le 22 février 1551, qu'il leur avoit semblé que la cour qui distribuoit à chacun la justice devoit prendre et recevoir la même loi qu'elle bailloit à autrui, et la supplièrent, pour l'honneur de la justice, de déclarer qu'elle n'entendoit point s'aider desdites lettres.

Cet édit formoit en quelque sorte le code de la pairie. Mais les changements survenus dans cette institution en rendent la plupart des dispositions aujourd'hui sans objet. Je me bornerai donc à rapporter le petit nombre de celles qui peuvent présenter encore quelque intérêt.

Art. I.ᵉʳ « Les princes du sang royal « seront honorés et distingués en tous « lieux, suivant la dignité de leur rang, « et l'élevation de leur naissance. Ils re-« présenteront les anciens pairs de Fran-« ce aux sacres des rois, et auront droit « d'entrée, séance et voix délibérative en « nos cours de parlement, à l'âge de « quinze ans, tant aux audiences qu'au « conseil, sans aucune formalité, encore « qu'ils ne possèdent aucunes pairies.

Art. III. « Les ducs et pairs représen-« teront aux sacres les anciens pairs, lors-« qu'ils y seront appelés au défaut des « princes du sang....... Ils auront rang et

« séance entre eux, avec droit d'entrée
« et voix délibérative, tant aux audiences
« qu'au conseil de nos cours de parle-
« ment, du jour de la première réception
« et prestation de serment en notre cour
« de parlement de Paris, après l'enregis-
« trement des lettres d'érection, et seront
« reçus audit parlement à l'âge de vingt-
« cinq ans en la manière accoutumée.

Art. V. « Les clauses générales insérées
« ci-devant dans quelques lettres d'érec-
« tion de duchés et pairies en faveur des
« femelles, et qui pourroient l'être en
« d'autres à l'avenir, n'auront aucun ef-
« fet, qu'à l'égard de celle qui descendra
« et sera de la maison et du nom de ce-
« lui en faveur duquel les lettres auront
« été accordées, et à la charge qu'elle
« n'épousera qu'une personne que nous
« jugerons digne de posséder cet hon-
« neur, et dont nous aurons agréé le ma-
« riage par des lettres patentes, qui se-
« ront adressées au parlement de Paris,

« et qui porteront confirmation du duché
« en sa personne et descendants mâles ;
« et n'aura, ce nouveau duc, rang et séan-
« ce que du jour de sa réception audit
« parlement sur nosdites lettres.

Art. VI. « Permettons à ceux qui ont
« des duchés et pairies d'en substituer à
« perpétuité le chef-lieu, avec une cer-
« taine partie de leur revenu, jusqu'à
« 15,000 livres de rente, auquel le titre
« et dignité desdits duchés et pairies de-
« meurera annexé, sans pouvoir être su-
« jet à aucunes dettes ni détraction, de
« quelque nature qu'elles puissent être,
« lorsque l'on aura observé les formalités
« prescrites par les ordonnances pour la
« publication des substitutions ; à l'effet
« de quoi dérogeons au surplus à l'or-
« donnance d'Orléans et à celle de Mou-
« lins, et à toutes autres ordonnances,
« usages et coutumes qui pourroient être
« contraires à la présente disposition.

Art. VIII. « Ordonnons que ceux qui

« voudront former quelque contestation
« sur le sujet desdits duchés et pairies,
« et des rangs, honneurs et préséances
« accordés par nous auxdits ducs et pairs,
« princes et seigneurs de notre royaume,
« seront tenus de nous représenter, cha-
« cun en particulier, l'intérêt qu'ils pré-
« tendent y avoir, afin d'obtenir de nous
« la permission de le poursuivre et de
« procéder en notre parlement de Paris
« pour y être jugés, si nous ne trouvons
« pas à propos de les décider par nous-
« mêmes ; et en cas qu'après y avoir ren-
« voyé une demande, les parties veuillent
« en former d'autres incidemment, ou
« qui soient différentes de la première,
« elles seront tenues pareillement d'en
« obtenir de nous de nouvelles permis-
« sions, et sans qu'en aucun cas ces sortes
« de contestations et de procès puissent
« en être tirés par la voie des évocations. »

Je terminerai ce qui concerne ce quatrième âge par la formule du serment

que les pairs de France prêtoient au parlement lors de leur réception : « Je « jure de bien et fidèlement servir, con- « seiller et assister le roi en ses très hau- « tes et très importantes affaires ; et pre- « nant séance en la cour, garder les or- « donnances, rendre la justice aux pau- « vres, comme aux riches , tenir les dé- « libérations de la cour closes et secrètes ; « et en tout, me comporter comme un « bon, sage, vertueux et magnanime duc « et pair de France doit faire. »

CHAPITRE VI.

Cinquième âge de la Pairie, commen-
çant au mois de juin 1814.

Nous entrons dans un nouvel ordre de choses.

Telle étoit la nature des pairies , que, formées de la réunion d'un fief et d'un

office, elles étoient des dignités tout-à-
la-fois réelles et personnelles, et qu'à la
noble qualité de premiers vassaux de la
couronne, les pairs de France joignoient
celle non moins distinguée de premiers
magistrats du royaume.

Rien de tout cela n'existe plus. Sorties
du régime féodal, ces pairies ont dispa-
ru sous ses ruines. Il n'y a plus de fiefs,
par conséquent plus de fiefs de dignité;
il n'y a plus de vassaux, par conséquent
plus de vassaux de la couronne. Les terres rendues à leur égalité primitive ne
peuvent plus communiquer à ceux qui
les possèdent ni prérogatives, ni préé-
minences; enfin nous avons des propriétaires, mais plus de seigneurs.

Ainsi, des deux éléments de nos anciennes pairies, celui qui en formoit la
partie matérielle n'existe plus. Mais la
dignité, les honneurs, les fonctions publiques des pairs de France ont survécu
à cette séparation. Avec ces riches ma-

tériaux, la main d'un législateur habile
peut recomposer une nouvelle pairie. Ce
législateur, nous avons le bonheur de le
posséder, et l'un de ses premiers bien-
faits a été de nous rendre cette magnifique institution, mais avec des attributions beaucoup plus étendues. Celle qui
venoit de s'éteindre n'occupoit dans
l'ordre politique qu'un rang secondaire
et subordonné : celle-ci, placée en première ligne, est investie d'une portion de
la puissance législative.

Mais une innovation de cette nature
suppose un changement dans la constitution même de l'Etat. Ce changement
existe en effet. Je dois donc aller plus
loin, et marquer la place que la nouvelle
pairie occupe dans le nouvel ordre de
choses.

Le torrent révolutionnaire avoit em-
porté le régime féodal; mais là ne s'é-
toient pas bornés ses ravages; il avoit
également entraîné les ordres, les états

des provinces, les parlements, les corporations de toute espèce, enfin toutes
les limites dont le temps et la sagesse de
nos pères avoient environné l'autorité
royale. Alors s'étoient ouverts sous nos
pas les gouffres de l'anarchie, dont nous
n'étions sortis que pour retomber dans
ceux du despotisme. Du fond de ces
abîmes nous tournions douloureusement
nos regards vers cette antique monarchie à qui la France devoit tant de siècles de gloire, de force et de bonheur.
Heureux de la recevoir telle qu'il plairoit
au ciel de nous la rendre, nous desirions
néanmoins qu'elle reparût tempérée
comme auparavant, par des lois fondamentales.

Ce que nous osions à peine espérer
étoit l'objet de toutes les méditations
du prince, que la Providence, enfin dé-
sarmée par nos longs malheurs, a bien
voulu rendre à nos vœux. Pendant les
jours déplorables de sa trop longue ab-

sence, insensible à ses propres maux, il ne s'étoit occupé que des nôtres. Replacé sur le trône de ses pères, le premier usage qu'il fait de son autorité est de mettre des bornes à son autorité. Quelles devoient être ces bornes? A quelle distance du pouvoir devoient-elles être placées?

Il n'y a point de bonté absolue dans les gouvernements : le meilleur est celui qui convient le mieux à la nation pour laquelle il est établi, et il n'y en a qu'un seul qui convienne parfaitement à chaque nation : c'est celui qui est sorti comme de lui-même de son caractère, de ses mœurs, de ses habitudes, et de son esprit général; en un mot, celui que le temps lui a donné; car le temps seul fait les constitutions durables.

Dans l'impossibilité de rétablir notre gouvernement sur ses anciennes bases presque toutes détruites ou dispersées, le restaurateur de la monarchie françoise, mettant à l'écart les théories de nos modernes publicistes, devoit donc chercher dans les institutions anciennes le type de celles qu'il vouloit établir. C'est ce que, dans sa profonde sagesse, le roi a fait ; il le déclare lui-même dans le préambule de sa Charte constitutionnelle : *Nous en avons*, dit-il, *cherché les principes dans le caractère françois et dans les monuments vénérables des siècles passés. Ainsi nous avons vu dans le renouvellement de la pairie une institution vraiment nationale, et qui doit lier tous les souvenirs à toutes les espérances, en réunissant les temps anciens et les temps modernes. Nous avons remplacé par la chambre des députés ces chambres du tiers-état, qui ont si souvent donné tout-à-la-fois des preuves de zèle pour les intérêts du peuple, de fidélité pour l'autorité des rois.*

Notre ancienne constitution est donc le meilleur commentaire de la nouvelle.

Ainsi, pour bien se pénétrer de l'esprit
de la Charte, pour définir avec précision
la nature et les bornes des pouvoirs
qu'elle établit, et sur-tout pour distin-
guer avec exactitude les droits qu'elle
nous confère, de ceux qui, préexistants,
n'ont reçu d'elle qu'une simple confirmation ; il faut donc nous référer à l'ordre
de chose qui existoit précédemment.

Les regards se portent d'abord sur nos
anciens états-généraux ; ils étoient composés de la réunion des trois ordres de
la nation. Chaque ordre formoit une
chambre : la première étoit composée
d'ecclésiastiques possesseurs de bénéfi-
ces ; la seconde de nobles, propriétaires
de fiefs ; la troisième, des députés du
tiers-état.

Ces assemblées avoient trois objets :
elles votoient l'impôt ; organes de la
nation, elles en portoient les doléances au
pied du trône ; elles formoient le grand
conseil des rois.

Ce conseil des rois, ces états nationaux, n'étoient pas des institutions nouvelles. Sous la première race, la nation, réunie en assemblée générale, délibéroit sur tous les grands intérêts de l'état. Charlemagne concentra ce beau privilége dans les grands du royaume. Ce n'étoit plus le droit primitif; mais ce n'étoit pas encore la servitude; elle ne tarda pas à se faire sentir. La liberté se perdit dans la confusion des derniers règnes de la seconde race : la nation elle-même disparut, s'il est permis de parler ainsi, et pendant trois siècles il n'y eut en France que des seigneurs et des vassaux, des oppresseurs et des opprimés, et point de citoyens.

Au commencement du quatorzième siècle, un événement, auquel personne ne devoit s'attendre, prépara le retour à nos anciennes institutions. Boniface VIII éleva des prétentions qui compromet-

toient l'indépendance de la couronne (1).

Telle étoit alors la puissance de la cour
de Rome, que Philippe-le-Bel pensa que,
pour lui résister avec succès, il ne falloit rien moins que la nation toute entière, et il appela auprès de lui, non
seulement les députés de la noblesse et
du clergé, mais encore ceux du tiers-
état. Ces différents députés délibérèrent
séparément. Cette division partagea naturellement la nation en trois ordres,

---

(1) Ces entreprises étoient de plusieurs sortes. Voici
les deux principales :

1° Le pape vouloit partager avec le roi les impositions
levées sur le clergé.

2° Il prétendoit avoir le droit d'établir, de son autorité seule, des évêchés en France. En conséquence, il
avoit érigé l'évêché de Pamiers sans le concours de la
puissance royale. Le roi s'y étant opposé, le pape lui
fit ordonner, par son légat, d'entreprendre une nouvelle
croisade : et, sur son refus, il lança contre lui une bulle
que les historiens appellent *foudroyante*, et qui mit le
royaume en interdit.

et voilà l'origine de nos états-généraux (1).

En 1313, Philippe-le-Bel se trouvoit engagé dans une guerre contre les Flamands : guerre longue, difficile, et dont les frais excédoient les revenus ordinaires de la couronne : revenus qui jusqu'alors avoient suffi aux charges du gouvernement. On étoit donc obligé de recourir à des moyens extraordinaires. Un seul se présentoit : l'établissement d'un impôt ; mais le mot seul pouvoit causer un soulèvement général. Il falloit donc, non l'exiger, mais l'obtenir. On le sentit, et cette assemblée des trois ordres du royaume, qui venoit de seconder Philippe-le-Bel d'une manière si efficace contre les entreprises de la cour

---

(1) Les auteurs ne sont pas parfaitement d'accord sur l'année où se tinrent ces états-généraux ; le président Hainault dit que ce fut en 1303, et, suivant Mézerai, l'ouverture s'en fit le 13 avril 1301.

de Rome, fut convoquée pour la seconde fois.

On trouve dans l'histoire de Mézerai des détails fort précieux sur la manière dont les choses se passèrent dans cette seconde assemblée, la première qui ait voté des impôts. Ces détails, je vais les transcrire. « Philippe-le-Bel résolut de déclarer la « guerre aux Flamands. Pour subvenir « aux frais, le roi convoqua les notables « des trois états de son royaume à Paris, « dans la grand'salle du palais. Là, étant « sur un théâtre fort élevé, où il fit as- « seoir les députés du clergé et de la no- « blesse, ceux du tiers-ordre étant assis « en bas, Enguerrand de Marigny expli- « qua ses intentions, et, ayant remontré « les besoins de l'Etat, demanda un se- « cours pressant. Les députés, se laissant « gagner à ses belles paroles, lui accordè- « rent, par la bouche d'Etienne, un im- « pôt de six deniers pour livre sur les « denrées; mais toutes les villes de Pi-

« cardie et de Normandie s'y opposèrent
« fortement, et tout le reste appela la
« justice du ciel sur la tête de Marigny,
« auteur de toutes ces désolations. »

Il n'y eut point d'états-généraux sous
les trois fils de Philippe-le-Bel ; mais nos
malheureuses guerres avec les Anglois,
guerres si longues, si sanglantes, et si
dispendieuses, mirent Philippe de Valois et ses premiers successeurs dans la
nécessité de les convoquer souvent ; et
même, pendant le règne de Jean et la
régence de Charles V, il y en eut presque autant que d'année, les impôts n'é-
tant votés que pour un an. Les choses
s'y passoient comme elles s'étoient pra-
tiquées en 1313. Le roi faisoit la proposition, ses ministres la motivoient, et
les états, après en avoir délibéré, défé-
roient à la demande, la rejetoient, ou la
modifioient avec une entière liberté. Aux
états-généraux qui s'ouvrirent dans la
ville de Blois, le 15 novembre 1576,

Henri III demanda un subside de deux millions; les députés répondirent qu'ils n'étoient assemblés que pour chercher les moyens de soulager le pauvre peuple (1).

Chacun des trois ordres et même les députés de chaque province pouvoient voter séparément le subside demandé. Mais alors ils n'obligeoient que l'ordre qu'ils représentoient. Pour que l'impôt fût général, comme les trois ordres avoient réciproquement le *veto* les uns sur les autres, il falloit le consentement de chacun d'eux; s'il en eût été autrement, deux des ordres auroient pu opprimer le troisième (2).

---

(1) Histoire de Thou, liv. 25.

(2) En toutes assemblées d'états-généraux ou particuliers des provinces où se fera octroi de deniers, les trois états s'accorderont de la quote-part et portion que chacun desdits états portera; et ne le pourront le clergé et la noblesse seules, comme faisant la plus grande partie. Ordonnance d'Orléans, art. 135.

7

J'ai dit plus haut que les états-généraux portoient au pied du trône les doléances de la nation, et formoient le grand conseil des rois; je reviens sur ces deux objets.

En 1370, Philippe de Valois leur soumit le projet d'une nouvelle croisade.

Dans les états-généraux tenus à Tours, sous Louis XI, en 1468, quatre objets furent présentés à l'assemblée : 1° la formation de l'apanage de Charles frère du roi; il vouloit la Normandie, devoit-on la lui accorder? 2° des moyens de résister au duc de Bretagne; 3° des moyens de soulager le pauvre peuple; 4° de la réformation de la justice (1).

_____

(1) A ces états, 64 villes députèrent chacune trois députés, un d'église, un de la noblesse, et un du tiers; les premiers états de Blois, tenus en 1576, étoient composés de 104 députés pour le clergé, 72 pour la noblesse, et 150 pour le tiers-état; dans les seconds états de Blois, tenus en 1588, où il fut aussi traité de grandes affaires, il y avoit 134 députés pour le clergé; 180 pour

Les états-généraux, tenus à Tours en 1505, eurent à délibérer sur le mariage de la princesse Claude, que Louis XII

---

la noblesse, et 191 pour le tiers-état, *tous gens de justice et de robes courtes*, disent les historiens.

Deux questions se présentent naturellement à l'esprit. Pourquoi les états-généraux étoient-ils si peu nombreux? Pourquoi les villes étoient-elles seules en possession de nommer des députés? Cela s'explique par le déplorable état auquel les habitants des campagnes, et même ceux d'un grand nombre de villes, étoient alors réduits.

Attachés à la glèbe, ils étoient en quelque sorte la propriété de leurs seigneurs; ils étoient, suivant l'expression de quelques coutumes, *du pied de la terre.* Aussi dans le vieux langage les appeloit-on hommes de pâte : *Homines alienæ potestatis;* hommes étant sous la puissance d'autrui. Certes, l'idée d'élever à des fonctions publiques des hommes ainsi dégradés ne pouvoit pas se présenter à l'esprit; mais les seigneurs représentoient leurs sujets et votoient l'impôt en leur nom et pour eux. Dans la préface du troisième tome des ordonnances du Louvre, *page* 25, on lit que, dans des lettres patentes du 2 juin 1352, le roi expose que les prélats, les barons et les nobles lui ont accordé une imposition de six deniers pour livre pour un an, payables *par leurs sujets;* et que les villes lui ont octroyé un semblable subside.

son père avoit promise à Charles, fils de Philippe comte de Flandre, par un traité conclu à Blois; le roi voulut avoir l'avis des états sur les conditions de ce traité. Les trois ordres en délibérèrent séparément. Tous réunis au pied du trône, et à genoux, l'orateur portant la parole dit: « Vos humbles sujets vous « supplient qu'il vous plaise donner votre « fille, non à Charles, mais à M. François, « qui est ici présent. » Louis XII y consentit; et, quelques jours après, le roi et la reine s'étant rendus dans la salle des états avec madame Claude, les fiançailles furent célébrées en présence de tous les députés.

Dans les états, tenus à Orléans en 1560, et à Blois en 1576, les rois soumirent de même à la discussion des états des questions de la plus haute importance.

Dans ces différentes circonstances, les états ne donnoient leur avis que sur la

provocation du roi. Mais, dans leurs doléances, ils n'avoient d'autres régulateurs que leur conscience et leur zèle
pour le bien public. La conduite du clergé, les vexations des seigneurs, les désordres des gens de guerre, les dilapi-
dations des finances, les formes lentes
et dispendieuses de la justice, tout étoit
l'objet de leur censure; ils signaloient
tous les abus; ils demandoient le redres-
sement de tous les griefs; ils étendoient
même leur sollicitude jusque sur la composition du conseil du roi. Les états-généraux de 1357 demandèrent que le
nombre des maîtres des requêtes fût réduit à six, et ceux de 1576 émirent le
vœu que jamais le nombre des conseillers d'état ne fût porté au-delà de vingt-
quatre.

Ces remontrances n'avoient pas de
suites nécessaires. Mais, en matière d'impôt, les états avoient un pouvoir indé-
pendant, et qui leur étoit propre.

Telle étoit la constitution de nos états-généraux : et notre Charte nous dit qu'ils sont *remplacés* par les chambres qu'elle établit.

A la vérité, ces chambres ne sont qu'au nombre de deux, et les états-généraux étoient composés de trois ordres. Mais la noblesse et le clergé ayant en général les mêmes intérêts politiques, on a pu, sans inconvénient et sans choquer la nature des choses, les réunir en un seul corps délibérant ; et, malgré ce changement, nous n'en devons pas moins voir les anciens états-généraux dans la réunion de nos deux chambres.

Les états-généraux, comme on vient de le voir, étoient tout à-la-fois les conseils des rois, les organes de la nation, les régulateurs de l'impôt.

Comme conseils, ils devoient attendre qu'ils fussent consultés. Leur intervention, même par de simples conseils dans les actes du pouvoir exécutif, auroit excédé leur pouvoir. A cet égard, nos chambres doivent donc, comme eux, demeurer dans une respectueuse attente.

Comme organes de la nation, les états déposoient ses doléances au pied du trône : là finissoit leur ministère, et le roi répondoit dans le temps et de la manière qu'il jugeoit convenable. Cette double faculté est conservée aux chambres et au roi ; mais avec une différence qui mérite d'être remarquée. Les états ne connoissoient pas de bornes dans l'exercice de leur censure ; ils l'étendoient sur toutes les malversations, sur tous les abus, sur tous les vices de l'administration ; et nos chambres ne peuvent proposer que ce qui peut faire l'objet d'une loi. Cette restriction est établie par l'article 19 de l'Acte constitutionnel, dont voici les termes : « Les « chambres ont la faculté de supplier le « roi *de proposer une loi* sur quelqu'ob- « jet que ce soit, et d'indiquer ce qu'il

« leur paroît convenable que *la loi* con-
« tienne, article 19. » L'art. 21 ajoute :
« Si la proposition est adoptée par l'au-
« tre chambre, elle sera mise sous les
« yeux du roi ; si elle est rejetée, elle ne
« pourra être représentée dans la même
« session. »

Ainsi nos chambres, en leur double
qualité de conseils des rois, et d'organes de la nation, ne peuvent rien sans
la provocation ou sans l'approbation du
gouvernement. Il n'en est pas de même
lorsqu'elles votent l'impôt. Subrogées
aux états-généraux, elles ont à cet égard
tous les droits dont ils étoient investis.
Or une possession aussi ancienne que
l'établissement des subsides avoit érigé
en loi du royaume, qu'il n'y a d'impôts
légitimes que ceux qui sont librement
consentis par les représentants de la nation ; et cette maxime de notre ancien
droit public, nous la retrouvons dans
l'art. 48 de la Charte constitutionnelle,

dont voici les termes : *Aucun impôt ne peut être établi ni perçu, s'il n'a été consenti par les deux chambres, et sanctionné par le roi.*

En disant que les chambres *remplacent* les états-généraux, le préambule de la Charte ne nous révèle pas toute l'étendue des concessions qu'elle renferme. Nos états-généraux accordoient les subsides, et là s'arrêtoient leurs pouvoirs. Étrangers à la confection des lois, ils ne prenoient aucune part à l'exercice de la puissance législative.

Cette puissance, après la cessation des assemblées des champs de mars et de mai, s'étoit concentrée dans la main de nos rois, et Hugues Capet l'avoit transmise, avec la couronne, à ses successeurs. Si plus d'une fois elle avoit éprouvé des oppositions de fait, jamais le droit n'avoit été mis en problème (1).

____

(1) Les jurisconsultes du seizième siècle avoient renfermé notre ancien droit public, à cet égard, dans ce peu de mots : *Cy veut le roi, cy veut la loi.*

A la vérité, le temps, la force des choses, et, plus que tout, la sagesse de nos rois, avoient environné l'exercice de cette prérogative de solennités et d'entraves qui en gènoient les mouvements; mais ces entraves, toutes compatibles avec la nature du gouvernement monarchique, n'avoient que le degré de consistance strictement nécessaire·pour suspendre l'exécution des lois, jusqu'à ce qu'après s'être environné de nouvelles lumières, le prince se fût réformé lui-même, ou eût déclaré que des motifs d'un ordre supérieur exigeoient qu'il fût obéi. Ainsi l'autorité étoit toujours éclairée, et jamais compromise, et toujours elle sortoit de ces espèces de luttes plus respectée et plus affermie, parceque la nation y voyoit de nouvelles garanties de la stabilité de son gouvernement et de ses lois.

Tel étoit l'ordre de choses dans lequel nous vivions. Mais, pour le bien apprécier, et sur-tout pour pouvoir porter un jugement éclairé sur les changements qu'il vient d'éprouver, il faut le mieux connoître. D'ailleurs, après les détails dans lesquels je·viens d'entrer sur notre ancienne constitution dans son rapport avec les impôts, je me trouve en quelque sorte obligé de développer également la partie de cette même constitution relative à l'exercice de la puissance législative.

L'avénement de Hugues Capet au trône ne produisit pas les déchirements qui semblent inséparables des grandes commotions politiques. La raison en est qu'il ne se fit aucun déplacement dans les propriétés, et que, sous ce rapport, non seulement personne ne perdit, mais beaucoup gagnèrent. Le peuple, qui, sans ambition, ne demande qu'à conserver, ne fut pas inquiété dans ses possessions; et les seigneurs, profitant de la foiblesse du nouveau gouvernement, usurpèrent la plupart des droits régaliens, et notamment le dernier ressort de la justice, comme cent cinquante ans auparavant ils en avoient usurpé la propriété.

Ainsi, maîtres des jugements, les seigneurs étoient de fait législateurs dans leurs terres (1). Cependant on vouloit bien reconnoître que le droit de donner des lois à la France étoit attaché à la couronne; mais sans moyens de surveillance sur les justices seigneuriales, puisque l'on y jugeoit souverainement et sans appel, les premiers Capétiens n'étoient réellement législateurs que dans

---

(1) De là ces règles de la jurisprudence d'alors qui sont consignées dans les Établissements de St Louis et dans les écrits de Beaumanoir. *Bers si a toute justice en sa terre; ne li roi ne peut mettre ban en la terre au baron sans son assentement, ne li bers ne peut mettre ban en la terre au vavassor. Chacun des barons si est souverain en sa baronnie. Il n'y a entre le seigneur et le vilain autre juge fors Dieu.*

les terres de leurs domaines. Aussi, et rien ne décèle mieux la foiblesse de la prérogative royale, les lois n'étoient-elles adressées qu'aux juges des terres domaniales, et à ceux des seigneurs qui avoient concouru à leur délibération (1).

La grande affaire étoit de rattacher

---

(1) Fidèles aux anciennes maximes, les rois ne manquoient jamais de délibérer les lois dans leurs conseils. Lorsque, par la réunion de plusieurs grands fiefs, ils eurent acquis assez de forces pour en imposer au plus grand nombre de leurs vassaux, ils appelèrent dans leurs conseils ceux d'entr'eux qui leur montroient le plus de dévouement, délibérèrent les lois avec eux, et ces lois ils les intitulèrent : *Ordonnance générale pour tout le royaume :* tels furent le *Stabilimentum feudorum* de l'an 1209; l'ordonnance de 1223, concernant les juifs; celle de 1230, relative aux usuriers. Ces ordonnances, et plusieurs autres qui appartiennent à la même époque, portent qu'elles sont faites de la volonté du roi par les conseils de ses barons, et pour l'utilité générale du royaume, *pro utilitate totius regni nostri, de voluntate nostra, et de communi consilio baronum nostrorum.* Ces barons adressoient les lois ainsi délibérées avec eux aux juges de leurs seigneuries, et veilloient à ce qu'elles fussent exécutées.

le droit de ressort à la couronne. Les
seigneurs qui connoissoient toute l'importance de cette haute prérogative, la
défendirent long-temps, et souvent avec
succès. Mais, à force d'art, de sagesse et
de constance, nos rois parvinrent à s'en
ressaisir. Philippe-Auguste fit le premier
pas. Saint Louis acheva la révolution.
Et dès le commencement du quatorzième siècle les appels au roi étoient si
multipliés, que Philippe-le-Bel se vit
obligé de rendre le parlement sédentaire à Paris. Cette innovation, qui est de
l'an 1302, conduisit à trois autres.

1° Les châtelets de Paris et d'Orléans, les deux justices capitales des domaines du roi, avoient le dernier ressort de la justice. En conséquence, les
lois leur étoient adressées, et ils les trans-
mettoient aux juges dont les appels se
portoient devant eux. Il falloit bien que
cela fût ainsi; car, pour appliquer les lois,
il faut les connoître. Le parlement ne fut

pas plutôt sédentaire à Paris, qu'il devint le juge d'appel de tous les tribunaux, d'abord des justices royales, et biéntôt après de celles des seigneurs. L'adresse des lois suivit le dernier ressort. Désormais elles ne furent plus adressées qu'au parlement, qui seul eut le droit de les transmettre aux tribunaux inférieurs, et qui par-là devint un intermédiaire nécessaire entre eux et le législateur.

2° Les magistrats dont Philippe-le-Bel composa le parlement furent pris dans le conseil d'état; ils étoient, par conséquent, en possession de concourir par leurs avis à la confection des lois. Mais il n'étoit pas possible de les maintenir dans l'intégrité de cette prérogative, sans nuire à l'expédition des procès. D'un autre côté, leur qualité de conseiller du roi, qu'ils conservoient, et plus encore l'intérêt public, s'opposoient à ce qu'ils en fussent entièrement dépouillés; ils ne furent donc plus appelés aux séances ordinaires du conseil; mais toutes les fois qu'il s'agissoit d'un règlement, d'un intérêt général et d'une importance telle que le roi croyoit devoir s'environner des lumières de tout son conseil; alors, accompagné de ses conseillers d'état ordinaires, il se rendoit au parlement, et délibéroit avec les magistrats de cette cour, ainsi rendus à leurs fonctions primitives.

Vers la fin du quatorzième siècle cet usage tomba en désuétude; les lois ne furent plus discutées que dans le conseil ordinaire du roi, et les magistrats du parlement n'en eurent connoissance que par l'envoi qui leur en fut fait. De là sortit naturellement le droit de remontrance.

En effet, il étoit tout simple que ces magistrats, qui avoient originairement fait partie du conseil d'état, conservassent au moins la faculté de faire des observations sur les lois qui leur étoient adressées, et auxquelles ils n'avoient pas concouru. Ce n'étoit pas l'introduction d'un droit nouveau; mais la continuation, ou, si l'on veut, la modification d'un droit ancien. Telle fut alors la manière de voir, et ce droit de remontrances s'établit sans aucune espèce de contradiction.

3° Il paroît que d'abord on ne sentit pas la nécessité d'assigner un terme à ces remontrances. Cependant il en falloit un; car le droit illimité d'en faire et de suspendre indéfiniment l'enregistrement, l'envoi, et par conséquent, l'exécution des lois, seroient l'équivalent d'un *veto* absolu; ce qui détruiroit l'unité monarchique.

Mais le parlement mit tant de sagesse dans l'exercice de ce droit de remontrances, et les rois accueillirent avec tant de déférence et de bonté celles qui leur furent présentées, qu'il s'écoula bien des années avant que l'on éprouvât le besoin de remplir cette lacune.

Vers le milieu du seizième siècle ce besoin se fit sentir; et la manière dont on y pourvut est bien digne de ce grand siècle. Au lieu d'une innovation que le temps seul auroit pu consolider, on tira des institutions anciennes celle que l'on vouloit établir.

Les temps n'étoient pas encore très éloignés où, lorsqu'il s'agissoit de statuer sur un objet d'une haute importance, le roi se rendoit au parlement, et soumettoit la loi projetée à la délibération de cette cour : les avis recueillis et mûrement pesés, le roi prononçoit, et sa volonté, une fois proclamée, l'exécution de la loi n'éprouvoit aucune difficulté (1).

----

(1) Quoique en général les ordonnances donnent la dénomination de *lit* au siége que le roi occupoit au parlement, cependant il ne faut pas confondre les séances royales qui avoient pour objet la délibération des lois avec les lits de justice proprement dits. Dans les

Ce fut à cet ancien usage que l'on se référa. Les troubles qui précédèrent la ligue en fournirent l'occasion, et le chancelier de l'Hôpital en conçut l'idée. Ce grand ministre, voulant faire enregistrer un édit de nature à donner lieu à des remontrances, et par conséquent à des délais qu'il jugeoit incompatibles avec les besoins de l'Etat, engagea Charles IX

---

séances royales, telles qu'elles ont eu lieu jusqu'à ces derniers temps, la majesté du trône se cachoit en quelque sorte sous l'appareil judiciaire; le prince jugeoit moins comme roi que comme président du sénat; la liberté des suffrages n'étoit pas gênée par sa présence, et les voix se recueilloient et se comptoient dans la forme ordinaire.

Dans les lits de justice, le prince, après avoir annoncé qu'il venoit exercer la puissance législative dans toute sa plénitude, déclaroit, du haut du trône, qu'après avoir mûrement examiné les représentations de ses cours, il persistoit dans sa volonté, qu'il entendoit qu'elle fût exécutée, et qu'il regarderoit toute résistance ultérieure comme attentatoire à son autorité, et tendante à détruire l'unité de pouvoir qui constitue l'essence des gouvernements monarchiques.

à se rendre au parlement, et là, en présence des princes et pairs réunis aux magistrats, il fit donner lecture de l'édit,
et en justifia les dispositions. Le premier président répondit, et les gens du
roi donnèrent leurs conclusions (1). En-

---

(1) Ce lit de justice est du 27 mai 1563. L'édit qu'il
s'agissoit d'enregistrer ordonnoit la vente d'une partie
notable des biens du clergé pour subvenir aux frais de
cette malheureuse guerre de religion qui déchiroit alors
le sein de la France. La difficulté résultoit de l'opinion
que les biens de l'église ne pouvoient être aliénés que
du consentement du pape. Le roi avoit demandé ce
consentement ; mais la réponse n'arrivoit pas. Le chancelier de l'Hôpital établit, dans un discours fort énergi-
que, que l'on devoit s'en passer. Voici un fragment de
ce mémorable discours : « Considérez, dit-il, s'adressant
« aux magistrats, qu'il s'agit du salut, de la vie et des
« biens de tant de milliers d'hommes. Vous savez que
« la fureur de cette guerre tombe plus sur les gens
« d'église que sur les autres. Le roi auroit desiré gar-
« der la solennité de droit ; et, pour ce, il a envoyé un
« gentilhomme au pape. On ne sait comme il le pren-
« dra, on desireroit qu'il n'usât de longueur au mal
« qui si fort nous poinct ; mais quand la nécessité est
« telle qu'elle ne peut souffrir l'attente, il faut passer

suite pour éloigner l'idée d'une innovation, et paroître ne suivre que les formes
anciennes, le chancelier se porta dans

« par-dessus la solennité. Il faut faire et exécuter, et
« puis récrire. Commençons par le fait, la solennité
« suivra, etc. »

Ce fut l'avocat-général Du Mesnil qui porta la parole
dans cette grande circonstance. Voici la conclusion de
son discours. « Votre procureur-général déclare en
« toute révérence et humilité, conformément aux con-
« clusions par lui baillées par écrit qui sont devers la
« cour; qu'étant les nécessités dont votre État est pressé
« si avant témoignées, qu'il n'est possible d'en douter,
« après votre parole, et de la reine votre mère, décla-
« ration et assurance de votre chancelier, des princes
« et seigneurs de votre conseil, tant ecclésiastiques que
« autres, il ne peut empêcher ains consent pour cette
« fois, et sans conséquence, qu'il soit pris du patrimoine
« de l'église jusques à la quantité que desirez pour votre
« subvention, avec tempérament pour l'exécution, et
« fait de la vente tel qu'il est plus amplement porté par
« lesdites conclusions, auxquelles pour cet effet il vous
« supplie très humblement avoir égard. »

L'édit, ainsi enregistré, n'éprouva aucun obstacle
dans son exécution; les biens furent vendus, et circu-
lent aujourd'hui dans le commerce.

tous les rangs, comme s'il eût recueilli les opinions; et, après ce simulacre de délibération, ayant pris les ordres du roi, il prononça l'arrêt d'enregistrement en ces termes : *Le roi séant en son lit de justice, de son exprès commandement, ouï et ce requérant son procureur-général*, ordonne, etc.

Ce fut ainsi que les choses se passèrent. Bientôt il fut reçu comme une loi fondamentale de l'Etat, que l'enregistrement d'un édit par le roi séant en son lit de justice commandoit une obéissance absolue; et la France eut la meilleure constitution qu'elle pût avoir. Elle fut en monarchie, et en monarchie tempérée, puisqu'il existoit des formes constitutionnelles, et pour suspendre l'exécution des lois, et pour faire triompher la volonté du roi de toutes les résistances.

Ainsi la constitution de la France, sous le rapport de la législation, reposoit sur trois bases principales :

1° La nécessité d'adresser les lois aux parlements.

2° La faculté qu'ils avoient de faire des remontrances avant de procéder à leur enregistrement; formalité qui seule pouvoit rendre les lois exécutoires.

3° Le droit que personne ne contestoit au roi de commander cet enregistrement dans un lit de justice (1).

Sans doute cet état de choses avoit des inconvénients; mais est-il une institution sociale qui en soit exempte? N'en aura-t-il pas aussi ce nouveau régime que nous devons à la sagesse la plus éclairée, ce gouvernement mixte que tant de publicistes regardent comme la plus heureuse des combinaisons sociales, comme le dernier effort de l'esprit humain (2)?

_____

(1) Ces points de notre ancienne constitution sont plus développés dans les notes qui sont à la suite de cet ouvrage.

(2) En effet, cette forme de gouvernement réunit les avantages de la monarchie, de l'aristocratie, et de la

Nous l'avons déja dit, et nous croyons
devoir le répéter, la Charte constitution-

---

démocratie. A Lacédémone il a produit les prodiges
que tout le monde connoît ; l'Angleterre lui doit le haut
degré de puissance où elle est parvenue : et ces deux
nations sont, je crois, les seules qui l'aient adoptée.
Cependant voici de quelle manière en parlent Tacite et
Machiavel, etc.

« Dans toutes les nations, c'est ou le peuple, ou les
« grands, ou un seul qui gouverne ; car une forme de
« gouvernement qui se composeroit à-la-fois des trois
« autres, n'est qu'une chimère brillante, qui, même
« réalisée, ne pourroit subsister long-temps. » *Annales
de Tacite, liv.* 4.

« On ne peut assurer la constitution d'un Etat qu'en
« y établissant une véritable république ou une vérita-
« ble monarchie, et tous les gouvernements intermé-
« diaires sont défectueux. La raison en est évidente : il
« n'est qu'un moyen de destruction pour la monarchie
« comme pour la république ; pour l'une, c'est de des-
« cendre vers la république ; pour l'autre, c'est de mon-
« ter vers la monarchie ; mais il y a un double danger
« pour tous les gouvernements intermédiaires ; ils peu-
« vent et descendre vers la république et monter vers
« la monarchie : et de là naissent toutes ces révolutions
« auxquelles ils sont exposés. » *Machiavel, Constitution
de Florence, tome* 6, *page* 175 *de la traduction de
Guiraudet.*

nelle restitue à la nation le droit de s'imposer elle-même; droit, à la vérité, sus-
pendu depuis deux siècles, mais que les
cours souveraines avoient conservé par
de fréquentes protestations, et qui venoit
d'être reconnu par la convocation des
états-généraux en 1789. Ainsi l'on peut
dire que cette disposition de la Charte
n'est pas une concession, mais une confirmation.

Il n'en est pas de même de la participation à l'exercice de la puissance législative. A cet égard, la nation, comme on
vient de le voir, avoit entièrement perdu
ses titres. Par le plus généreux des sa-
crifices, le roi a bien voulu les lui rendre
par l'art. XV de la Charte, dont voici
les termes : *La puissance législative
s'exerce collectivement par le roi, la
chambre des pairs, et la chambre des
députés des départements.*

Cette disposition partage, comme l'on
voit, la puissance législative en trois

branches, dont l'une est placée dans la chambre des pairs. Ainsi les pairs de France ne sont plus ces magistrats qui, réunis au parlement dont ils faisoient partie, n'avoient qu'une autorité secondaire et subordonnée, et n'influoient sur la législation que par de très humbles remontrances. Devenus législateurs, ils ne remontrent plus, ils décident et ils exercent non seulement sur les résolutions de la chambre des députés, mais sur les propositions du roi lui-même un *veto* absolu.

Jusqu'ici tout est commun entre les deux chambres. Mais il est dans la nature des gouvernements mixtes que l'un des trois pouvoirs dont ils sont composés soit le régulateur des deux autres, non par le droit de statuer, puisqu'il n'a sur eux ni action, ni supériorité, mais par la faculté d'empêcher; et c'est dans cette heureuse combinaison que réside la force, la stabilité; et, si on peut le dire, la magie de cette espèce de gouvernement.

En effet, si les dépositaires de l'autorité royale et les hommes choisis par la nation pour défendre ses libertés étoient en contact immédiat, d'abord rivaux, ils seroient bientôt ennemis, et l'Etat flotteroit dans une agitation continuelle ; poussé, tantôt vers l'arbitraire par les ministres du roi, tantôt vers la démocratie par les députés du peuple.

Entre ces deux forces opposées la constitution place la chambre des pairs. C'est le contre-poids qui doit les maintenir dans un juste équilibre. C'est le régulateur dont nous venons de parler.

Il est du devoir de la chambre des pairs de surveiller avec la même sollicitude et la partie monarchique et la partie démocratique du gouvernement, de s'opposer à toutes les entreprises que l'un de ces pouvoirs pourroit tenter sur l'autre, et de les empêcher également de franchir les bornes constitutionnelles de leurs attributions. Il faut en convenir : si, en cessant d'être réelle, la pairie a perdu l'éclat attaché à la possession des grandes seigneuries, des fonctions d'une si haute importance lui donnent une influence qu'elle n'avoit pas auparavant.

Cependant nous n'avons encore qu'une idée imparfaite de la pairie telle qu'elle vient d'être réorganisée. Pour faire connoître cette magnifique institution dans tous ses développements, il faut placer les prérogatives que la Charte lui conserve à côté de celles dont elle lui confère l'exercice. C'est ce que nous allons faire.

Au roi seul appartenoit le droit d'ériger des pairies : de même le roi peut seul nommer et instituer les pairs de France; et, comme autrefois, leur nombre est illimité.

Comme les anciens, les nouveaux pairs

ont l'honneur de voir les princes du sang royal siéger au milieu d'eux.

Les pairies formoient des substitu-tions perpétuelles transmissibles de mâle en mâle jusqu'au dernier descendant du premier institué. Aujourd'hui la dignité de pair de France est de même hérédi-taire, et se transmet par droit de primo-géniture jusqu'à l'extinction de la ligne masculine.

Les anciens pairs ne pouvoient être traduits en jugement que devant la cour des pairs, c'est-à-dire devant le parle-ment *suffisamment garni de pairs.* Aux termes de l'art. XXXIV de la Charte, *aucun pair ne peut être arrêté que de l'autorité de la chambre, et jugé que par elle en matière criminelle.*

Membres du parlement les pairs étoient investis de la première magistrature. Comme eux, les nouveaux pairs sont les premiers magistrats du royaume.

Cependant entre ces deux espèces de

magistratures, il y a deux différences qui méritent d'être remarquées ; mais, avant de les signaler, je crois devoir m'arrêter un instant sur cette disposition de la Charte : *Toute justice émane du roi, elle s'administre en son nom par des juges qu'il nomme et qu'il institue.* Art. 57.

C'est donc une loi fondamentale de l'Etat que celui-là seul peut exercer les fonctions judiciaires qui est nommé et institué juge par un acte émané de l'autorité royale.

Que l'on voie cette institution royale, en faveur du premier institué, dans l'acte par lequel le roi lui confère la dignité de pair de France, cela se conçoit ; mais lorsque son fils, sans autre formalité que sa réception à la chambre des pairs, y figure comme juge, et prend part au jugement d'un procès, on peut se demander s'il est pourvu de cette institution que la Charte exige si impérieusement, et sans laquelle

toute participation aux fonctions judiciaires est une forfaiture. La difficulté
ne seroit pas levée quand même la réception du nouveau pair seroit précédée
du consentement du roi. L'institution
d'un juge est un acte par lequel le prince
transmet à celui qui en est l'objet l'exercice d'une partie de la puissance publique ; et cette transmission ne peut pas
être l'effet de l'approbation donnée à un
simple acte de réception.

Cependant le nouveau pair sera, comme son prédécesseur, investi du pouvoir
de juger ; et ce pouvoir, il le tiendra,
comme le veut la Charte, de l'institution
du roi. Cette institution existe en effet ;
elle est dans l'acte de création de chaque
pairie.

Ce n'est pas seulement au premier institué que les fonctions attachées à la
dignité de pair de France sont conférées, tous ceux qui doivent lui succéder
sont également appelés à les remplir ; et

chacun d'eux a, dans l'acte d'érection de la pairie, une vocation directe, formelle et spéciale. Ainsi tous, jusqu'au dernier des descendants mâles, sont institués juges par ce titre primitif; et, comme nous l'avons dit plus haut; la seule différence qui existe entre les pairs de France considérés comme juges et les juges ordinaires, c'est que ceux-ci sont institués individuellement, et que les pairs de France exercent les fonctions judiciaires en vertu d'une institution collective.

J'ai annoncé deux différences entre l'ancienne et la nouvelle pairie dans l'exercice des fonctions judiciaires. Voici ces différences :

Comme membres du parlement, les anciens pairs avoient la juridiction ordinaire. Magistrats universels, ils étoient les juges des hommes de tous les rangs, des citoyens de tous les ordres, des fonctionnaires de toutes les classes. Le jugement des affaires civiles, la répression

des délits, la punition des crimes entroient également dans leurs attributions. Gardiens et vengeurs de la liberté
des citoyens, des droits de la couronne,
des lois fondamentales de l'Etat, leur
influence s'étendoit sur toutes les parties
de l'administration publique. En un mot,
ils avoient la plénitude de l'autorité judiciaire, de cette autorité tutélaire qui
seule peut donner à chacun cette opinion de sa sûreté, sans laquelle l'homme,
inquiet sur sa liberté, sur sa fortune, sur
son existence même, ne fait rien pour
acquérir, parcequ'il n'est pas sûr de conserver, et se regarde comme étranger
dans sa propre patrie.

La juridiction des nouveaux pairs n'a
pas la même étendue; mais, pour être
plus concentrée, elle n'a pas moins de
dignité.

Juge des crimes de haute trahison et
des attentats à la sûreté de l'Etat; juge
des ministres concussionnaires et des

pairs de France en matière criminelle, ce nouveau tribunal est investi des plus hautes attributions; elles lui sont conférées par les dispositions suivantes de la Charte constitutionnelle.

Art. XXXIII. *La chambre des pairs connoît des crimes de haute trahison et des attentats à la sûreté de l'Etat, qui seront définis par la loi.*

Art. XXXIV. *Aucun pair ne peut être arrêté que de l'autorité de la chambre, et jugé que par elle en matière criminelle.*

Art. LV. *La chambre des députés a le droit d'accuser les ministres, et de les traduire devant la chambre des pairs, qui seule a celui de les juger.*

Art. LVI. *Ils ne peuvent être accusés que pour fait de trahison ou de concussion. Des lois particulières spécifieront cette nature de délits et en détermineront la poursuite.*

On voit que ces dispositions donnent

à la chambre des pairs une double compétence, l'une à raison des personnes, qu'elle tient des art. XXXIV et LVI; la seconde est subordonnée à la nature des crimes, qui lui est conférée par l'article XXXIII.

Si les lois particulières dont parlent ces articles étoient rendues, nous les rapporterions, et ce ne seroit pas la partie la moins intéressante de cet ouvrage; mais nous n'avons encore qu'une proposition de la chambre des pairs, et cette proposition étant actuellement soumise à la chambre des députés, il ne nous convient pas de prendre l'initiative sur les observations auxquelles elle peut donner lieu. Mais il doit nous être permis de dire que, de toutes les lois, il n'en est pas qui intéressent plus éminemment l'ordre social que celles dont l'objet est de définir les crimes d'Etat et de haute trahison. En effet, si, faute de précision dans les idées et de choix dans les expressions, elles prêtent à l'arbitraire, tous les esprits seront frappés de terreur, parceque toutes les existences seront menacées ; et dans les discordes civiles elles seront dans les mains des factieux une arme qui, successivement employée par les chefs de tous les partis, produira des maux incalculables. A Rome, les lois de *majesté*, rédigées en termes trop vagues, répandirent plus de calamités sur l'empire que les invasions des barbares.

La seconde différence entre l'ancienne et la nouvelle pairie, sous le rapport judiciaire, est beaucoup plus importante.

A côté de l'ancienne cour des pairs existoit une autorité qui en surveilloit les actes, et qui annuloit ceux de ses jugements qui choquoient les dispositions des lois.

La chambre des pairs est affranchie de toute espèce de surveillance. Auprès d'elle, les lois n'ont ni gardiens ni vengeurs ; et la société n'a d'autres garants de l'exécution de celles dont l'application lui est confiée que sa justice, sa sagesse et ses lumières.

Ajoutons, et c'est une des imperfections attachées aux gouvernements mixtes, ajoutons qu'au droit d'exercer l'autorité judiciaire se joint dans la personne des pairs celui de concourir à la confection des lois; deux pouvoirs, dont la réunion n'est jamais sans danger pour la liberté publique. En effet, un corps tout à-la-fois juge et législateur, et qui ne doit compte de ses jugements à aucune autorité supérieure, est de fait au-dessus des lois, puisqu'il est libre de ne les appliquer que quand il le veut et comme il lui plaît; et qu'en vertu de son droit d'empêcher il peut paralyser toutes les mesures que les deux autres branches de la puissance législative croiroient devoir prendre pour réprimer ses excès, s'il étoit capable d'en commettre.

Voilà des inconvénients, et ils sont

graves; mais le remède est dans leur gra-
vité même. Un tribunal qui sait que ses
fautes sont irréparables fait de plus
grands efforts pour n'en pas commettre;
effrayé de l'idée que ceux qu'il juge n'auront aucun moyen légal d'échapper à
leur condamnation, il frappe d'une main
plus circonspecte; enfin, ne voyant au-
dessus de lui aucun pouvoir réformateur,
il est sans cesse en présence de ces grandes pensées, que sur la terre il a un cen-
seur inexorable, l'opinion publique; qu'il
y a dans le ciel une autorité à laquelle il
doit compte de ses jugements; et que là,
les juges ont un juge sévère.

FIN.

NOTES.

PREMIÈRE NOTE.

Du Parlement considéré dans ses rapports avec l'administration publique, et comme Cour des Pairs.

CONSIDÉRÉ comme corps politique, le parlement n'étoit plus ce tribunal purement judiciaire dont les attributions se bornent à faire l'application des lois civiles aux débats qui s'élèvent entre des particuliers. C'étoit la réunion des hommes les plus éminents par la naissance, les dignités, et l'expérience dans les affaires. En un mot, c'étoit la cour des pairs.

Le roi lui-même en étoit le président; les princes du sang royal et les représentants de ces hauts barons qui ont laissé de si profonds souvenirs, c'est-à-dire les pairs de France, partageoient avec les magistrats le titre et les fonctions de conseiller en cette auguste cour.

Et qu'elles étoient importantes et nobles ces fonctions ?

La cour des pairs, placée sur les degrés du trône, en étoit tout à-la-fois le plus bel ornement et le plus ferme appui. De ce poste éminent, en même temps qu'elle donnoit à tous l'exemple de l'obéissance et de la fidélité, elle étendoit sa sollicitude sur toutes les parties de l'administration publique. Gardienne de l'autorité royale, des lois fondamentales de l'Etat, de l'indépendance de la couronne, elle les défendoit avec un courage infatigable contre les entreprises de la puissance spirituelle, contre l'audace des séditieux et des novateurs, contre le gouvernement lui-même, s'il manquoit d'énergie, ou s'il se méprenoit sur ses véritables intérêts.

Supérieurs à toutes les classes de la société, par la dignité de leurs fonctions, par le rang qu'ils occupoient, et par le respect dont ils étoient environnés, les personnages qui composoient cette illustre compagnie formoient une espèce de milieu entre le prince et la nation. Auprès du prince, ils étoient les organes

du peuple; et faisant planer son autorité sur
les grands et sur les petits, ils comprimoient
l'arrogance des uns, la jalousie des autres, et
les contenoient tous dans les bornes de la su-
bordination et du devoir. Investis d'une autorité secondaire, à la vérité, mais héréditaire
comme celle du prince lui-même, ils avoient
le même intérêt que lui à la conservation de
l'ordre établi. Aussi, lorsqu'ils se trompoient
dans les moyens qu'ils employoient pour le
maintenir, il n'arrivoit jamais que l'on accusât
leurs intentions. Enfin cette cour étoit l'ancre
qui fixoit le vaisseau de l'Etat, et l'empêchoit
de se briser contre les deux grands écueils des
gouvernements, l'arbitraire et l'anarchie.

Cependant elle ne brilloit que des rayons que
le trône réfléchissoit sur elle. Par elle-même,
sans autorité politique, elle ne partageoit avec
le prince ni la puissance législative, ni le pouvoir exécutif. Tout ce qu'elle pouvoit, elle le
tenoit de lui; lorsqu'elle agissoit, c'étoit toujours en son nom et sous son bon plaisir. Si
quelquefois elle arrêtoit momentanément l'exécution de ses ordres, ce n'étoit jamais que par
de simples remontrances qui n'avoient pas de

suite nécessaire. Et c'est dans ce droit de dépo-
ser aux pieds du souverain de très humbles et
très respectueuses remontrances que se concen-
troient les fonctions qui lui étoient inhérentes,
et qui lui appartenoient en propre. Ainsi telle
étoit l'admirable organisation de cette cour :
sans altérer l'unité de pouvoir qui constitue
l'essence des monarchies, sans aucune participation à l'exercice de ce même pouvoir,
elle en étoit la régulatrice, elle en modéroit
l'action, elle préservoit la nation et le prince
lui-même du danger des résolutions précipi-
tées, et de celles qui, belles en théorie, n'auroient donné, dans la pratique, que des résultats désastreux ; et cela par le moyen le plus
simple et le moins propre à inquiéter l'autorité ; par un moyen que les lois autorisoient,
et qui, toujours employé dans les formes les
plus respectueuses, ne pouvoit que rendre
l'autorité plus douce et plus mesurée, et par
conséquent plus durable.

A qui la France étoit-elle redevable de cette
institution ? Au temps et aux circonstances,
Elle n'auroit pas traversé tant de siècles, si elle
n'eût été que l'ouvrage des hommes. Sortie,

pour ainsi dire, d'elle-même, des mœurs, des habitudes et de l'esprit général de la nation, on pouvoit dire d'elle : *Prolem sine matre creatam.*

SECONDE NOTE.

De l'adresse des Lois au Parlement.

Les lois, comme nous l'avons déja dit, étoient adressées au parlement. Il falloit bien les lui faire connoître, puisqu'il étoit chargé de les appliquer. Ce motif devoit conduire à l'idée de les envoyer de même et simultanément aux tribunaux inférieurs. En effet, l'obligation de les exécuter étoit la même pour tous. Il en fut autrement. L'adresse au parlement parut suffisante. On pensa que, chargé de réformer les décisions des juges de son ressort, il convenoit qu'il leur transmît lui-même les règles qu'ils dévoient suivre dans leurs jugements. Cet usage, dont peut-être on ne prévit pas les suites, une fois établi et sanctionné par le

temps, le parlement se trouva placé entre les législateurs et les tribunaux de première instance.

Le souverain, ainsi forcé de recourir à un
organe étranger pour proclamer ses comman-
demens, n'exerça plus sur les tribunaux du second ordre qu'une influence médiate; et dès-
lors nous eûmes une véritable monarchie tempérée, puisqu'il exista un pouvoir intermédiaire, mais dépendant et subordonné, et qui,
trop foible pour prétendre au partage de la
puissance législative, étoit cependant assez fort
pour en suspendre l'action et en régulariser
les mouvements.

En effet, ce dépôt forcé des actes législatifs
entre les mains des magistrats supérieurs, as-
suroit aux cours souveraines et l'exercice du
droit d'enregistrement et la faculté de faire
des remontrances.

Ainsi l'unité de pouvoir étoit conservée; il
n'y avoit qu'une volonté; et cependant la nation avoit une garantie contre les actes arbi-
traires, contre les résolutions irréfléchies; et
le prince, sûr d'être éclairé même sur les illusions que pourroit lui faire son amour pour
le bien, se livroit avec sécurité au soin du
gouvernement.

Aussi le parlement plaçoit-il au rang des lois fondamentales de l'Etat ce droit exclusif de transmettre les lois aux autorités inférieures, et constamment on l'a vu déployer toute son énergie pour se maintenir dans cette importante prérogative. En voici quelques exemples :

Louis XI avoit rendu un édit concernant la circulation des grains, et l'avoit adressé directement aux gouverneurs des provinces. Le parlement défendit d'y avoir égard, et fit des remontrances que le roi voulut bien accueillir.

En 1561, les opinions religieuses causoient les troubles les plus alarmants. Charles IX donna une ordonnance dont l'objet étoit d'étouffer le germe de ces désordres ; et, comme le mal pressoit, il adressa cette ordonnance, non aux parlements, mais aux gouverneurs des provinces.

Le parlement de Paris, dit l'historien de Thou (1), défendit, par un arrêt, de publier cette ordonnance ; et, dans les remontrances qu'il présenta au roi, il allégua, pour justifier

_____

(1) Liv. 28.

sa conduite, qu'il étoit contre l'usage d'adresser aux gouverneurs et non aux parlements
une ordonnance qui ne peut être regardée comme loi qu'elle n'ait été publiée et
enregistrée dans les cours souveraines du
royaume.

Après cette protestation, le parlement entra
dans l'examen des différentes dispositions de
l'ordonnance, et fit sentir qu'elles étoient insuffisantes.

Le roi, continue M. de Thou, la reine-
mère, les princes, les grands du royaume,
et tous les conseillers d'état, vinrent au parlement pour statuer sur ces remontrances,
et délibérer sur le moyen de remédier aux
troubles.

Trois avis furent proposés. Le plus doux,
qui fut adopté après de très grands débats,
forma le fameux édit de pacification, connu
sous le nom d'édit de juillet.

Deux choses sont à remarquer dans cette
séance. 1° Le chancelier de l'Hôpital, qui en
fit l'ouverture, ne fit pas le plus léger repro-
che au parlement d'avoir défendu la publication et l'exécution de l'ordonnance. Cependant

personne en France n'a jamais porté plus loin
que ce grand magistrat le zèle et le courage
pour le maintien de l'autorité royale. 2° Dans
cette séance, les suffrages furent tellement
libres, qu'à la suite des passages de l'histoire
de M. de Thou dont nous venons de rendre
compte, on lit : « Le dernier avis, suivant le cal-
« cul fait par le greffier Jean Dutillet, l'emporta
« à la pluralité des voix, après beaucoup de
« débats. La plupart se récrioit et accusoit le
« greffier de n'avoir pas compté fidèlement les
« suffrages. Sur ces réclamations, on retourna
« aux opinions, et les voix furent comptées de
« nouveau. »

L'auteur anonyme d'une vie du chancelier
de l'Hôpital (1) ajoute : « La conduite de ce
« premier magistrat aigrit et révolta tout le
« parlement, qui voulut rendre contre lui un
« décret d'ajournement personnel, pour qu'il
« eût à se présenter devant la compagnie, et
« à l'instruire des motifs qui avoient pu le for-
« cer à n'observer aucune des formalités essen-
« tielles à la promulgation des lois; mais des

_____

(1) Imprimée à Amsterdam en 1767, page 100.

« magistrats plus modérés ramenèrent les es-
« prits à prendre un parti moins violent; et
« l'on rendit un arrêt, par lequel on défendit
« de publier la déclaration, comme étant con-
« traire aux lois fondamentales du royaume.
« On présenta en même temps des remon-
« trances, dans lesquelles la compagnie éta-
« blit qu'il étoit contre l'usage de tous les
« temps d'adresser aux gouverneurs des pro-
« vinces, et non aux parlements, une ordon-
« nance qui ne peut avoir force de loi qu'elle
« n'ait d'abord été publiée et enregistrée dans
« les cours souveraines. »

Lorsque le parlement, par l'exil et la dis-
persion de ses membres, étoit dans l'impuissance de réclamer; les tribunaux inférieurs ne
manquoient pas de rejeter les lois qui leur
étoient adressées directement, sur le motif
qu'elles ne leur étoient pas parvenues dans la
forme constitutionnelle. Je n'en citerai qu'un
exemple, c'est le dernier.

Au mois de mai 1788, différents édits portant création d'une cour plénière, de conseils
provinciaux et de grands bailliages, ayant été
adressés au châtelet par le garde des sceaux,

et sans avoir été présentés au parlement, ce tribunal prit l'arrêté suivant :

« La compagnie voyant avec la plus vive
« douleur les actes d'autorité multipliés con-
« tre les différentes cours du royaume, le
« temple de la justice investi par des gens
« armés, la liberté des suffrages violée par
« l'enlèvement de magistrats qui ne peuvent
« être personnellement responsables de déli-
« bérations essentiellement secrètes, le cours
« de la justice interrompu, la magistrature
« avilie, l'ordre ancien interverti sous un mo-
« narque qui a déclaré ne vouloir régner que
« par les lois, et dont les intentions bienfai-
« santes sont le gage du bonheur de ses sujets;

« Considérant que les ordonnances, édits
« et déclarations, apportés par le procureur
« du roi, n'ont point été délibérés par le par-
« lement auquel appartient le droit certain
« et reconnu par sa majesté même, de lui
« adresser des remontrances, droit dont il ne
« peut en ce moment user par la suspension
« forcée de ses fonctions, a arrêté unanime-
« ment qu'elle ne peut ni ne doit procéder à
« la lecture, publication et enregistrement

10

« desdits édits, déclarations et ordonnances. »

Je ne dois pas quitter cette partie de notre ancienne constitution sans rappeler ce qui se passa en 1646.

On avoit donné un édit portant établissement d'un droit d'aide sur les boissons qui se consommoient dans la ville de Paris, et comme la cour des aides étoit incontestablement juge de toutes les contestations auxquelles cet impôt pouvoit donner lieu, on pensa que l'on pouvoit se dispenser de le présenter au parlement, et il ne fut enregistré qu'à la cour des aides.

Informées de cet enregistrement, les chambres du parlement s'assemblèrent, et l'on proposa de rendre un arrêt qui défendroit la perception de cet impôt.

La reine régente, qui voulut arrêter les suites de cette affaire, ordonna qu'elle fût traitée dans des conférences qui se tiendroient chez M. le chancelier.

Ces conférences eurent d'abord lieu entre les président, le procureur-général du parlement et les ministres; mais la reine régente, voulant prendre connoissance de cette affaire, ordonna qu'elles se continueroient en sa présence et dans son cabinet. La question y fut approfondie. M. Talon nous a laissé une espèce de procès-verbal de ces conférences. En voici quelques passages (1).

« M. le premier président explique les plaintes de sa compagnie sur l'adresse de l'édit du tarif faite à la cour des aides ; le préjudice que recevroit le parlement de n'avoir plus connoissance des affaires de cette qualité, qui étoient impositions générales sur toutes sortes de personnes.

« M. le chancelier répliqua que les juridictions étant divisées dans le royaume, le parlement devoit connoître de tous les différents ordinaires concernant les sujets du roi dans son ressort, des affaires et des droits du domaine. Mais les impositions et les levées de deniers, qui s'appellent et qui sont droits d'aides, c'est-à-dire charges momentanées établies pour le temps nécessaire pour les besoins de l'Etat, l'établissement et la connoissance d'iceux appartient à la cour des aides.

(1) Mém. tom. IV, pag. 124.

« M. le président Le Coigneux repartit qu'il appartenoit au magistrat ordinaire, et à celui qui avoit la conduite de la police d'une ville, de connoître principalement des levées et impositions de deniers qui se font sur eux, pour savoir si elles sont conformes à leur puissance, s'ils les peuvent souffrir avec patience, et si elles ne sont pas capables d'exciter sédition, dont les plus dangereuses sont celles qui procèdent de la faim, et de la nécessité domestique, qui ne peut être apaisée ni par autorité, ni par persuasion; que la fonction du parlement deviendroit inutile pour contenir les sujets du roi dans l'obéissance, s'il se rencontre une autre puissance à laquelle ils soient responsables pour les choses les plus nécessaires de la vie; s'il y a un conseiller de la cour des aides qui soit juge dans Paris, en première instance, de la levée qui se fait sur toutes les marchandises qui se consomment à Paris; que rien ne sert d'alléguer une prescription contre un droit de cette qualité qui appartient naturellement au parlement; que cette possession seroit inutile étant contraire à l'ordre public. . . . .

. . . .

qu'attribuer la connoissance des édits sur les aides et gabelles, c'est changer l'ordre ancien du gouvernement de l'Etat. . . . . . .

. . . .

les troubles de la Fronde devenant chaque jour plus alarmants, ces conférences furent interrompues.

Au retour de l'ordre, le droit du parlement fut reconnu sans difficulté, et il demeura pour constant que les ordonnances, les édits, les déclarations, en un mot, tous les actes légis-latifs, lors même que l'application en étoit attribuée à d'autres cours souveraines, ne de-venoient lois de l'Etat, et ne pouvoient recevoir leur exécution qu'après avoir été adressés au parlement, et par lui vérifiés et enregistrés. »

TROISIÈME NOTE.

Des Remontrances.

Écoutons d'abord Pasquier : « Tous ceux « qui ont voulu fonder la liberté d'une rép u

« blique bien ordonnée ont estimé que c'étoit
« lorsque l'opinion du souverain magistrat
« étoit attrempée par les remontrances de
« plusieurs personnes d'honneur constituées
« pour cet effet, et quant en contre échange,
« ces plusieurs étoient contrôlés par la pré-
« sence, le commandement et la majesté de
« leur prince. » *Pasquier*, liv. 2, chap. 2.

Cet ordre de choses a existé parmi nous.
Comme le sénat, dont parle Pasquier, les parlements de France étoient associés en quelque
sorte à l'exercice de la puissance législative,
mais seulement pour l'éclairer par des observations et des remontrances, *et contenus par
la présence, le commandement et la majesté
du roi.* Ils ne pouvoient inspirer à l'autorité
ni inquiétude, ni jalousie, parcequ'ils ne
pouvoient exister qu'avec elle et par elle, et
qu'ils n'avoient que juste le degré de force
nécessaire pour atteindre le but de leur institution.

Comment ce droit de remontrances s'étoit-
il établi? Quelle en étoit l'origine? Nous l'avons
déja fait connoître, on le saura mieux encore, et l'on en sentira toute l'utilité en lisant

les remontrances qui furent présentées à Louis XIII dans les circonstances suivantes.

Henri IV n'étoit plus. La foiblesse de la régente avoit relâché tous les ressorts du gouvernement. Le désordre régnoit dans toutes les parties de l'administration, la cupidité des courtisans avoit dévoré les épargnes du dernier règne, et le trésor public étoit réduit à la plus extrême pénurie.

La majorité de Louis XIII alloit découvrir la plaie de l'Etat, que d'ailleurs il n'étoit plus possible de dissimuler, il falloit un remède. Le conseil de la régence crut le trouver dans une assemblée nationale ; et les états-généraux furent assemblés en 1614.

Les espérances de la régente et de son conseil furent trompées. Ces Etats n'apportèrent aucun soulagement aux maux de la France.

Cependant Louis XIII venoit d'être déclaré majeur. Le parlement effrayé, et, comme tous les bons citoyens affligés des maux de l'Etat, convoqua les princes et pairs, afin d'aviser avec eux aux moyens de les faire cesser, et de les présenter au jeune roi dans des remontrances où la vérité éclateroit dans tout son jour, et qui signaleroit sans ménagement les auteurs de tous les désordres de la régence. Cette convocation, et sur-tout son objet, jetèrent les auteurs de ces désordres (c'est-à-dire presque toute la cour) dans les plus vives alarmes. Le parlement fut représenté au jeune roi comme un corps turbulent et séditieux, avide de pouvoir, et qui, sous le spécieux prétexte du bien public, cherchoit à s'arroger l'autorité qui ne pouvoit appartenir qu'au roi seul. Le jeune monarque, trompé par ces insinuations, fit défense aux princes et aux pairs de déférer à la convocation du parlement. Cette cour, informée des impressions que l'on avoit données contre elle au jeune roi, sentit de quelle importance il étoit de les effacer, et elle arrêta qu'il seroit fait au roi des remontrances, d'abord sur l'utilité des remontrances, et ensuite sur les désordres de l'Etat, avec désignation de leurs auteurs. Elles furent présentées à Louis XIII en 1615. Je vais en transcrire ce qui concerne l'utilité des remontrances.

« Sire, cette assemblée des grands de votre « royaume n'a été proposée en votre cour de

« parlement que sous le bon plaisir de votre
« majesté, et pour lui proposer au vrai, par
« l'avis de ceux qui en doivent avoir le plus
« de connoissance, les désordres qui s'augmen-
« tent de jour en jour,.......

« Philippe-le-Bel, qui, le premier rendit
« votre parlement sédentaire, lui laissa les
« mêmes fonctions et les mêmes prérogatives
« qu'il avoit eues à la suite des rois ses prédé-
« cesseurs; c'est pourquoi il ne se trouve
« aucunes institutions particulières qui les
« lui confèrent. Il en jouit comme tenant
« la place des princes et des barons, qui,
« de toute ancienneté, étoient près la per-
« sonne des rois; et pour marque de ce, les
« princes et pairs de France y ont toujours eu
« séance et voix délibérative, et aussi depuis
« ce temps, y ont été vérifiés, les lois, or-
« donnances et édits, création d'office, traité
« de paix, et autres plus importantes affaires
« du royaume, et dont lettres-patentes lui sont
« envoyées, pour, en toute liberté, les mettre
« en délibération, en examiner le mérite, y
« apporter modifications raisonnables, voir
« même que ce qui est accordé par nos Etats-

« généraux doit être vérifié en votre cour où
« est le lieu de votre trône royal, et le lit de
« votre justice souveraine.

« On pourroit rapporter plusieurs exem-
« ples pour prouver que de tout temps votre
« parlement s'est utilement entretenu des
« affaires publiques, lesquelles ont, par ce
« moyen, réussi au bien du service des rois
« vos prédécesseurs, entre lesquels nous vous
« représenterons, comme du règne du roi
« Jean, furent convoqués en votre parlement,
« les princes, prélats et nobles du royaume,
« pour aviser au service de l'Etat; que depuis,
« par l'avis du même parlement, le roi Char-
« les V (dit le Sage), déclara la guerre au roi
« d'Angleterre, retira par ce moyen la Guienne
« et le Poitou; et qu'en l'an 1405 votre même
« parlement moyenna l'accord entre les mai-
« sons d'Orléans et de Bourgogne. Au temps
« du roi Louis XI, comme chacun le sait, au-
« tant jaloux de son autorité qu'aucun de ses
« prédécesseurs, le président de La Vacquerie,
« assisté de grand nombre de conseillers, lui
« ayant fait de grandes remontrances sur un
« édit qu'il desiroit faire passer; le roi leur

« fit réponse qu'il les tenoit pour ses fidèles
« serviteurs, usa du mot de *remerciement*,
« ajouta qu'il leur seroit bon roi, et ne les
« contraindroit à faire choses contre leur con-
« science. Au même roi furent faites remon-
« trances contre les abus de la cour de Rome,
« et donné à connoître, qu'en faisant des
« édits pour empêcher ces abus, ils ne pour-
« roient être accusés de désobéissance envers le
« saint-siége; et néanmoins, sire, ceux qui
« veulent affoiblir et déprimer l'autorité de
« cette compagnie, s'efforcent de lui ôter la
« liberté que vos prédécesseurs lui avoient per-
« pétuellement accordée de vous présenter
« fidèlement ce qu'ils jugeroient utile pour
« le bien de votre Etat.

   « Nous osons dire à votre majesté que c'est
« un mauvais conseil qu'on lui donne, de
« commencer son règne par tant de comman-
« dement et puissance absolue, et de l'ac-
« coutumer à des actions dont les bons rois
« comme vous, sire, n'usent jamais que fort
« rarement, étant certains, par les vraies maxi-
« mes de l'Etat, que plus votre puissance est
« grande et absolue, on la doit ménager avec

« plus de retenue et modération, pour la faire
« plus longuement durer. »

A ces exemples, monuments préci e uxde
l'amour de nos rois pour la justice, on pourroit en ajouter beaucoup d'autres. En voici
encore quelques uns.

En 1516 François Ier alla, pour la première
fois, au parlement. Il témoigna beaucoup de
mécontentement à la compagnie, et néanmoins il lui déclara que, si elle desiroit lui
faire des remontrances avant que de déférer
à ses volontés, il ne refuseroit pas de les entendre; *car il desiroit, sur toutes choses, que
justice et raison soient faites, et n'entendoit
commander que choses raisonnables.*

Charles IX, après avoir traité le parlement
avec beaucoup de dureté à l'occasion de ce
qui s'étoit passé au sujet de l'édit de la déclaration de sa majorité, ajouta néanmoins *qu'il
approuvoit les remontrances et qu'il n'entendoit pas en abolir l'usage.*

Dans une lettre de Louis XIII à M. Molé,
alors procureur-général, où l'indignation de
ce prince contre le parlement éclate d'un bout
à l'autre, il déclare cependant *qu'il prendra*

toujours en bonne part les remontrances de cette compagnie. A ces autorités se joint celle des lois et des lois les plus solennelles, telles que les ordonnances de Moulins et de Blois, qui permettent expressément aux parlements *de faire telles remontrances qu'ils aviseroient sur les édits, ordonnances, déclarations et arrêts qui leur seroient adressés pour être publiés et enregistrés.*

Dans le nombre de ces lois, il en est deux sur lesquelles nous croyons devoir nous arrêter.

La première est du mois de février 1641, que l'on juge, à l'énergie du style et à la force des pensées, avoir été rédigée par le cardinal de Richelieu lui-même.

Voici d'abord un fragment du préambule de cet édit : « Il n'y a rien qui maintienne et « qui conserve davantage les empires que la « puissance du souverain également reconnue « par ses sujets; elle rallie et réunit si heu- « reusement toutes les parties de l'Etat, qu'il « naît de cette union une force qui assure sa « grandeur et sa félicité. Il semble que l'éta- « blissement des monarchies étant fondé sur

« le gouvernement d'un seul, cet ordre est
« comme l'ame qui les anime, et leur inspire
« autant de force et de vigueur qu'il a de per-
« fection. Mais comme cette autorité absolue
« porte les Etats au plus haut point de leur
« gloire, aussi lorsqu'elle se trouve affoiblie
« on les voit en peu de temps déchoir de
« leurs dignités. »

Le législateur développe ensuite ces maximes, et les appuie par des raisonnements et
des exemples. Elles le conduisoient naturellement à proscrire indistinctement tout ce qui
peut retarder l'action du gouvernement et
gêner l'exercice de l'autorité. Mais, arrivé au
point de tirer cette conséquence des prémisses
qu'il venoit d'établir, il s'arrête : et persuadé
que, pour être absolu, l'autorité monarchique
n'en a pas moins besoin d'être éclairée, il au-
torise les remontrances des parlements, *même
sur les édits et déclarations qui regarderont
nos finances;* même, et cela est fort remarquable, sur les édits et déclarations *vérifiés
en notre présence, et nous séant en notre lit
de justice; et ne les défend que lorsqu'il s'a-
gira d'affaires qui peuvent concerner l'Etat,*

administration et gouvernement d'icelui, que nous réservons à notre personne seule et de nos successeurs rois, si ce n'est que nous leur en donnions le pouvoir et commandement spécial; nous réservant de prendre sur les affaires publiques les avis de notredite cour de parlement, lorsque nous le jugerons à propos pour le bien de notre service.

Ainsi le plus profond politique, le ministre le plus absolu qui jamais ait gouverné la France, l'homme qui a constamment professé par ses actions comme par ses discours que le pouvoir monarchique ne reçoit ni limitation, ni partage, a autorisé les remontrances des parlements par un édit formel, par l'édit le plus solennel et le plus profondément médité de ceux qui ont paru sous son administration; et ces remontrances, il va jusqu'à les permettre sur les édits enregistrés en lit de justice; ce qui ne s'étoit pas encore pratiqué jusqu'alors.

Au surplus, cet édit n'a reçu aucune exécution. Le cardinal de Richelieu étant mort peu de temps après, il est tombé, non seulement en désuétude, mais dans un oubli tel, qu'on le cherche vainement dans les recueils de nos ordonnances. Voici la seconde de ces lois.

Louis XIV, qui n'oublia jamais les troubles de sa minorité, n'eut pas plutôt pris la direction des affaires, qu'il conçut le projet de comprimer les parlements, et sur-tout de les mettre dans l'impuissance de suspendre l'exécution de ses volontés. Ce projet il le réalisa par sa déclaration du 24 février 1673. Cependant cette déclaration ne dit pas en termes explicites que le droit de faire des remontrances est aboli ; mais il arrive au même résultat en ordonnant que les parlements procéderont à l'enregistrement pur et simple des édits à l'instant où ils leur seront présentés ; leur réservant néanmoins la faculté de faire telles remontrances qu'ils aviseront dans les huit jours de la date de l'enregistrement ; mais sans que ces remontrances puissent dans aucune circonstance suspendre l'exécution de l'édit.

M. d'Aguesseau parle de cette déclaration. Il faut l'entendre. Voici ses termes : « Elle ré-« duisit les parlements à ne pouvoir faire écla-

« ter leur zèle par leurs remontrances qu'après
« avoir prouvé leur soumission par l'enre-
« gistrement pur et simple des lois qui leur
« seroient adressées.

« Il seroit inutile de parler ici des célèbres
« remontrances que le parlement de Paris fit
« en cette occasion, et qui furent regardées
« alors comme le dernier cri de la liberté
« mourante.

« En effet, depuis cette déclaration les re-
« montrances furent non seulement différées,
« mais par-là même abolies. On n'en trouve
« plus aucun exemple jusqu'à la mort du feu
« roi et pendant le reste de son règne, c'est-
« à-dire pendant quarante-deux ans, l'enre-
« gistrement de tous les édits et de toutes les
« déclarations, devenu tellement de style,
« que les conseillers au parlement ne pre-
« noient pas même la peine d'opiner sur ce
« sujet. »

Plus loin M. d'Aguesseau parle des suites
de cette innovation, et de son influence sur
les lois postérieures à 1673 : « Si, dit-il, le
« feu roi a eu la gloire de faire des ordon-
« nances solides et durables, telles que l'or-

« donnance de 1667 sur la procédure civile,
« et celle de 1670 sur la procédure crimi-
« nelle, c'est parcequ'en faisant ces ordon-
« nances il a suivi l'exemple des rois ses pré-
« décesseurs, en prenant l'avis de son par-
« lement, et l'associant en quelque manière
« à son conseil, avant que d'y donner la der-
« nière main. Il n'y a qu'à comparer les autres
« codes qu'il a faits sans prendre cette pré-
« caution, et en usant de sa puissance abso-
« lue, pour reconnoître combien il y a de
« différence entre des lois examinées et re-
« vues, et des lois faites sur les seuls avis de
« ceux qui, n'ayant pas la même expérience
« dans les affaires, et n'étant pas chargés de
« leur exécution, se persuadent aisément que
« la volonté du prince et sa suprême autorité
« tiennent lieu de tout examen et de toute
« délibération (1). »

La mort de Louis XIV fit revivre les anciennes maximes, et l'un des premiers actes
de la régence fut d'autoriser les remontrances
avant l'enregistrement des lois.

---

(1) OEuvres de M. d'Aguesseau, t. XIV, p. 145 et 555.

Les parlements se sont maintenus dans l'exercice de cette prérogative jusqu'en 1788, époque à laquelle le parlement de Paris, par l'organe de M. le premier président Dormesson, déposa au pied du trône des remontrances sur le danger de convoquer les états-généraux.

Je reviens encore aux OEuvres de M. d'Aguesseau, et j'en transcris le passage suivant qui terminera cette note : « Il est souvent ar- « rivé, dit ce magistrat, que ces grandes com- « pagnies ont voulu s'ingérer dans le secret et « dans la conduite des affaires de l'Etat; ce- « pendant avant Louis XIV il n'étoit tombé « dans la pensée de personne d'abolir l'usage « des remontrances avant l'enregistrement des « lois. On les a regardées comme des accidents « ou des maladies du corps politique, qui « devoient être traitées avec autant de sagesse « que de fermeté, non en détruisant une des « principales parties de ce corps, ni en lui « ôtant toute sa force, mais en réprimant les « excès et en renfermant sa liberté dans des « bornes légitimes. Tels ont été, sur cette ma- « tière, les principes d'un des plus puissants

« génies et des plus profonds ministres que
« la France ou d'autres États aient jamais eus,
« je veux dire du cardinal de Richelieu. »

QUATRIÈME NOTE.

Des Lits de justice.

Je ne reviens sur les lits de justice que pour
parler de celui du 15 janvier 1648.

Dans ce lit de justice huit édits furent enregistrés. Profitant de la faculté qui leur étoit
accordée par l'édit de 1641, dont j'ai parlé
dans la note précédente, les chambres s'assemblèrent le lendemain, 16 janvier, et les
jours suivants ; et, après de longues délibérations sur les huit édits, la discussion se concentra sur celui relatif au droit de franc-fief.

On appeloit *franc-fief* le droit de perce-
voir, à chaque révolution de vingt années, le
revenu d'un an de tous les fiefs possédés par
des roturiers. A cette époque de 1648 il ne
s'étoit écoulé que quatorze ans depuis la dernière perception ; et l'édit, anticipant de six

ans sur l'échéance, exigeoit la totalité du droit. Cette disposition étoit d'autant plus injuste, que ce droit n'étoit pas un impôt, mais un revenu de la couronne, dont la perception étoit régie par les lois civiles, comme toutes les autres propriétés domaniales. Frappé de cette considération, le parlement se crut autorisé à modifier l'édit; et il rendit un arrêt portant qu'il ne seroit exécuté que pour les huit années échues.

La cour, étonnée d'une opposition aussi ouverte, manda les gens du roi, et par leur organe enjoignit au parlement de déclarer catégoriquement *s'il prétendoit mettre des bornes à l'autorité du roi.*

Cette question étoit d'une haute imprudence. En effet, une réponse précise et tranchante auroit déchiré un voile que personne encore ne s'étoit permis de soulever, *et la France couroit fortune,* ce sont les expressions du cardinal de Retz, qui ajoute : *Ce fut un miracle que le parlement ne levât ce voile, et ne le levât pas en forme et par arrêt, ce qui seroit d'une conséquence bien plus dangereuse et bien plus funeste que la liberté que*

les peuples ont pris de voir à travers; mais il
eut la sagesse d'éluder la réponse (1).

Voici cette réponse. Je la rapporterai presque en entier, parcequ'il me semble que de
tous les actes émanés de la sagesse du parlement, c'est peut-être un des plus remarquables.

Le 6 mars 1648, les gens du roi se rendi-
rent au Palais-Royal. La reine, accompagnée
du duc d'Orléans, du cardinal Mazarin, du
garde des sceaux, et des principaux personnages de son conseil, les reçut dans son cabinet; et l'avocat-général Talon portant la parole, après avoir annoncé qu'il apportoit la
réponse du parlement, ajouta : « Les paroles
« que nous portâmes de la part de votre ma-
« jesté furent reçues avec honneur; mais la
« compagnie fut infiniment surprise d'enten-
« dre la nécessité qui lui étoit imposée de ré-
« pondre à la question de savoir quelles étoient
« les bornes de sa juridiction; leurs registres
« leur enseignent que souvent les rois les ont
« consultés sur des affaires de conséquence,

_____

(1) Mémoires du cardinal de Retz, tome I, page 320.

« François Ier leur demanda avis s'il étoit
« obligé de tenir la parole qu'il avoit donnée
« à ses ennemis pendant la violence de sa
« captivité. Henri II voulut être informé par
« eux sur le fait du gouvernement et de l'ad-
« ministration du royaume ; mais de desirer
« qu'ils résolvent quelles sont les extrémités
« de leur pouvoir, c'est-à-dire entrer en ju-
« gement et en discussion, pardonnez, Ma-
« dame, si, pour demeurer dans les termes du
« respect, ils manquent au devoir de l'obéis-
« sance. Ils confessent qu'ils ne peuvent et ne
« doivent décider une question de cette qua-
« lité, pour laquelle il faudroit ouvrir les
« sceaux et les cachets de la royauté, et pé-
« nétrer dans les secrets de la majesté du
« mystère de l'empire. Trouvez bon, Madame,
« s'il vous plaît, que, n'ayant pas de liberté
« sur la question la plus importante et la plus
« difficile de la politique..... des sujets qui
« ne possèdent qu'une lumière empruntée,
« et qui ne tiennent qu'en dépôt l'honneur
« que les rois leur ont communiqué, ne dé-
« cident pas quelles sont les bornes de leur
« condition, et jusqu'à quel terme elles peu-

« vent s'étendre...... Pour cela, les assem-
« blées des chambres ont été depuis quinze
« jours tant de fois commencées et jamais
« achevées; et lorsque ce matin nous les avons
« pressées de la part de votre majesté, de met-
« tre fin à ces délibérations et de faire ré-
« ponse, le parlement ne pouvant se résoudre
« dans une thèse de cette qualité, a arrêté
« de faire entendre à votre majesté que son
« intention n'a jamais été de contrevenir à
« ses volontés ni à son autorité; et que lors-
« qu'ils ont délibéré sur l'édit des francs-
« fiefs, et qu'ils ont ordonné qu'il seroit exé-
« cuté pour les années échues seulement, ils
« ont entendu le faire sous le bon plaisir de
« votre majesté, et lui demander une décla-
« ration à cet effet.

« Ainsi nous paroissons, Madame, devant
« les yeux de V. M., dans les termes du res-
« pect, de la fidélité et de l'obéissance; les
« peuples nous considèrent avec les avan-
« tages de notre condition qui nous donne
« une puissance souveraine sur tous les sujets
« du Roi, de quelque qualité qu'ils puissent
« être; mais nous ne parlons à nos souve-

« rains que comme ses très humbles sujets,
« lesquels ayant acquis, par la longueur de
« leur service et de leur âge, quelque lu-
« mière dans les affaires publiques, nous
« sommes en cette possession de leur pré-
« senter ce que nous savons, même avec
« quelque sorte de chaleur ; qui n'est autre
« chose qu'un zèle respectueux, lequel a
« pour fondement la sincérité de nos inten-
« tions et de nos pensées, qui sont toutes
« royales, dans lesquelles le parlement
« supplie V. M. de considérer que les voies
« et la conduite de la compagnie n'ont
« autres objets que la décharge de leurs
« consciences et l'intérêt de l'État; qu'ils ne
« travaillent pas pour l'avantage de leur fa-
« mille, particulièrement pour leur avance-
« ment domestique, et que, s'ils s'abusent
« faute d'adresse et de civilité, ils ne se trom-
« peront jamais faute de fidélité. »

Cette affaire se termina comme s'étoient
toujours terminées celles de cette nature. La
reine, persuadée que ces protestations d'o-
béissance, de dévouement et de fidélité
étoient sincères, et elles l'étoient effective-

ment, voulut bien s'en contenter. Après en
avoir délibéré avec son conseil, et avoir fait
rentrer les gens du roi qui s'étoient retirés par
son ordre, elle leur dit : *Qu'elle étoit satisfaite*
de la délibération du parlement, et qu'elle
avoit bien cru que cette compagnie, qui
donne aux autres les règles et l'exemple de
l'obéissance, en rendroit témoignage la pre-
mière.

CINQUIÈME NOTE.

De l'ancienne Constitution de la France.

Si l'on se reporte sur ce que l'on vient de
lire ; si l'on se fixe particulièrement sur ce
que nous avons dit relativement à l'imposition des tributs et à l'exercice de la puissance
législative, on reconnoîtra que depuis long-
temps la France avoit une constitution, et
une constitution telle qu'il est difficile de
concevoir une monarchie mieux organisée.

Cette constitution reposoit sur deux bases
principales.

Le droit que la nation avoit de s'imposer elle-même.

La nécessité de l'enregistrement des lois dans les cours souveraines.

Le droit de voter l'impôt garantit aux citoyens que le sacrifice qu'ils font d'une partie de leurs jouissances ne sera jamais employé que pour leur assurer la tranquille et paisible possession de ce qui reste dans leurs mains, le prince lui-même, obligé de motiver les demandes qu'il fait à ses sujets, trouve dans cet ordre de choses des avantages inappréciables.

Les hommes investis par leurs concitoyens du droit d'imposer les subsides doivent joindre à des vues générales sur l'administration publique, beaucoup de sagesse dans l'esprit et une grande rectitude de jugement; et ces qualités ne sont pas rares dans les classes supérieures de la société; mais il n'en est pas de même de celles qu'exige la confection des lois.

Au génie bienfaisant qui se présente pour perfectionner les lois de son pays il faut une connoissance approfondie et de sa constitution et de sa législation, non seulement dans son ensemble, mais dans ses différentes parties.

Il doit connoître la constitution, parceque toutes les lois doivent être imprégnées de son esprit.

Il est également nécessaire qu'il connoisse l'esprit général et les détails de la législation; autrement les lois nouvelles seroient rarement en harmonie avec les anciennes; ce qui jetteroit de la confusion dans les idées et de l'incertitude dans les jugements.

Et combien ces inconvénients ne seroient-ils pas aggravés, si le nouveau législateur, peu familier avec l'idiome des tribunaux, employoit les expressions dont il se sert dans un sens différent de celui qui est consacré par l'usage.

Mais ces connoissances, qui ne peuvent s'acquérir que par de pénibles veilles, de sérieuses méditations et une longue habitude des affaires, ne seront jamais assez communes pour qu'on puisse les supposer dans la majorité d'une assemblée très nombreuse. Aussi, dans aucun temps, nos états-généraux n'ont-ils réclamé le privilége de concourir à la confection des lois.

Lorsque le besoin d'un règlement nouveau se faisoit sentir, le chef de la magistrature le méditoit avec les hommes d'état les plus consommés et les jurisconsultes les plus célèbres; de ces mains habiles il passoit dans celles des cours souveraines, qui, à l'aide d'une longue expérience, en calculoient savamment tous les résultats; et, de concert avec le législateur, lui donnoient la perfection à laquelle il est permis à l'homme d'atteindre.

Quant au pouvoir exécutif, comme par sa nature il est indivisible, il étoit, dans notre monarchie ce qu'il doit être dans tous les gouvernements, tout entier dans la main d'un seul, et le roi l'exerçoit dans toute sa plénitude.

La fortune publique et les fortunes privées, la sûreté de l'État et la tranquillité des citoyens, la liberté politique et la liberté civile, tout repose sous la garde du pouvoir exécutif; il faut donc lui donner et le dépôt et la direction de la force publique.

Comptable envers l'État de tous les maux qu'il auroit pu prévenir, de tous les désordres dont il auroit pu étouffer le germe, il est dans la nature des choses que son action ait toute la rapidité que les circonstances peuvent exiger. On ne peut donc l'assujettir ni aux solennités qui environnent l'exercice de la puissance législative, ni aux formes lentes et minutieuses qui assurent les procédés de l'autorité judiciaire; ce pouvoir doit donc être, sinon arbitraire dans toute la force de l'expression, au moins discrétionnaire.

En effet, pour régler un pouvoir de cette espèce, des lois seroient insuffisantes, et pourroient être funestes; insuffisantes, parcequ'il est impossible de tout prévoir; funestes, parcequ'il arriveroit souvent qu'elles arrêteroient l'action du gouvernement précisément au point où le salut de l'État exigeroit qu'elle se déployât avec le plus d'énergie et d'activité.

Quelle garantie, à défaut de celle des lois, les citoyens auront-ils donc qu'ils ne seront pas opprimés par ce pouvoir exécutif, d'autant plus dangereux que dans les monarchies, même les plus modérées, il est toujours uni à la puissance législative. Ce problême, qui n'est pas susceptible d'une solution rigoureuse, nos opinions, nos usages, nos institutions l'avoient résolu aussi approximativement qu'il peut l'être.

Les doléances de nos états-généraux et les remontrances de nos cours souveraines éclairoient le prince sur tous les abus de son administration, et même sur les illusions que pouvoit lui faire son amour pour le bien; car l'amour du bien a aussi ses illusions.

Nous avions des corporations de toute espèce, et ces corps intermédiaires rendoient l'action du pouvoir exécutif moins rapide en multipliant les frottements, et plus mesurée en lui opposant des contre-poids.

.A ces limitations s'en joignoit une autre qui, par une espèce de prestige, non seulement autorisoit la désobéissance, dans certains cas, mais la rendoit honorable. Je parle de ce tyran que dans les gouvernements monarchiques on est convenu d'appeler *honneur*: tyran bizarre dont les caprices sont des lois, dont l'opinion publique est l'aveugle ministre, et qui, flétrissant la vie de quiconque refuseroit de lui obéir, commande mille fois plus impérieusement que ceux qui ne peuvent que donner la mort.

Les mouvements de notre pouvoir exécutif étoient encore génés par une opinion généralement répandue que l'on exprimoit en ces termes : *Le roi ne peut pas tout;* espèce d'adage qui étoit dans toutes les bouches.

On pensoit généralement que le gouvernement monarchique étoit le seul qui convînt à la France; on y étoit attaché, bien moins par habitude que par sentiment, et par reconnoissance, et la soumission à l'autorité royale étoit regardée comme un devoir sacré; mais on ne vouloit ni l'autorité des despotes, ni la soumission des esclaves, et l'on croyoit associer la dépendance et la liberté en disant le roi est le maître, cependant il ne peut pas tout. Mais à quelle distance étoit placée la borne devant laquelle il devoit s'arrêter? C'étoit le mystère de l'État. Personne n'osoit soulever le voile qui le couvroit. On marchoit en tâtonnant dans cette obscurité religieuse ; et lorsqu'il s'élevoit des débats sur l'étendue de l'autorité, comme personne ne savoit précisément s'il étoit en deçà ou au-delà de ses limites, le roi pouvoit toujours céder sans compromettre la dignité de sa couronne, parcequ'il pouvoit toujours dire qu'il le faisoit à titre de grace ; d'un autre côté, l'obéissance de la nation étoit en-noblie par l'opinion que chacun pouvoit avoir qu'elle étoit libre et volontaire ; et ces débats, qui par-tout ailleurs auroient occasioné des déchirements, finissoient toujours par resser-rer les nœuds qui attachoient la nation à son prince.

Que l'on ne dise donc plus, comme on l'a tant de fois et si légèrement répété dans ces derniers temps, que la France étoit sans con-stitution.

Si la France n'avoit pas eu une constitu-tion, comment se seroit-elle élevée au plus haut degré de la civilisation ?

Comment auroit-elle été d'un aussi grand poids dans la balance de l'Europe ?

Comment auroit-elle porté aussi loin la gloire de ses armes ?

12

Comment auroit-elle eu le plus bel ordre judiciaire qui ait jamais existé?

Comment, dans la brillante carrière des lettres, des sciences et des arts, auroit-elle tant de fois devancé les autres nations?

Si la France n'avoit pas eu une constitution, comment, pendant dix siècles, auroit-elle constamment donné le magnifique spectacle d'une prospérité toujours croissante?

Enfin, si la France n'avoit pas eu une constitution, si, livrée aux caprices de ses gouvernants, son administration n'avoit pas reposé sur des bases également sages et solides, comment et par quelle inconcevable méprise l'homme qui a le plus profondément réfléchi sur l'organisation sociale, Machiavel, auroit-il dit ces paroles si remarquables : *La France tient le premier rang parmi les états bien gouvernés* (1).

(1) Du Prince, ch. 19.

FIN.

TABLE

DES CHAPITRES ET DES NOTES.

—

CHAPITRES.

NOTES.

FIN DE LA TABLE.

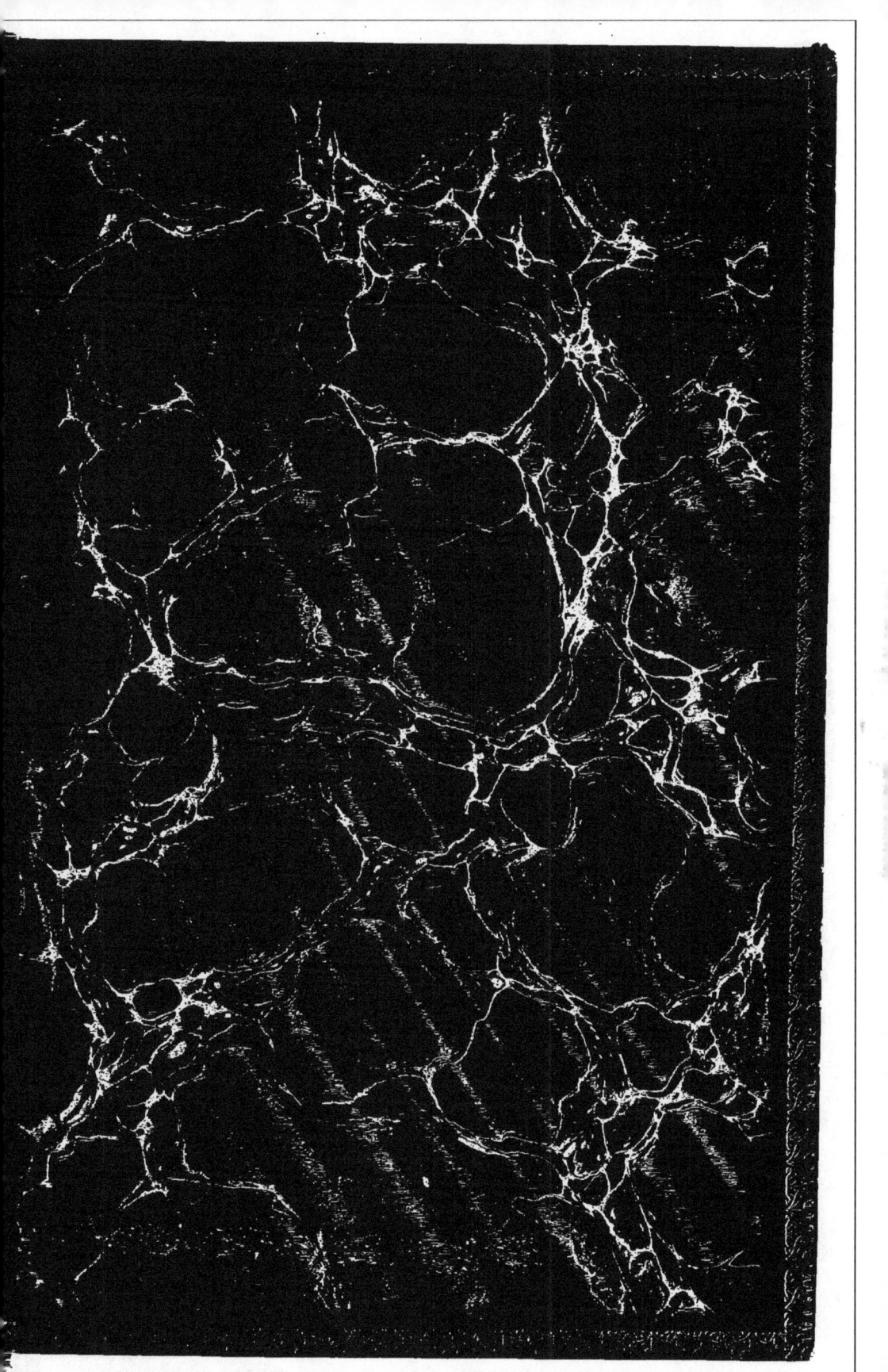

www.ingramcontent.com/pod-product-compliance
Lightning Source LLC
Chambersburg PA
CBHW061044110426
42740CB00049B/1967